Ottilie Wildermuth

Bilder und Geschichten aus Schwaben mit den Schwäbischen Pfarrhäusern

Eingeleitet von Peter Härtling

Ausgewählt und herausgegeben von
Rosemarie Wildermuth

J. F. Steinkopf Verlag Stuttgart

Umschlag Erwin Maier-Deiss.
Einbandvignette nach dem Scherenschnitt aus dem Elfenbeinfächer von Luise Walter, Original im Schiller-Nationalmuseum, Marbach a. N.
Gesamtherstellung: Buchdruckerei Wilhelm Röck, Schwabstr. 20, 7102 Weinsberg.

ISBN 3 7984 0333 3

INHALT

Über Ottilie Wildermuth

1 Schwäbisches

Mit Anekdoten zu beginnen, wäre leicht. Und zumindest die schwäbischen Leser faßten sie als Signale auf, könnten aus eigener Erinnerung andere Geschichten beisteuern. Doch eben diese Geschichten haben die gemütvolle Neigung zum Diminutiv, lassen die Gestalt schrumpfen: da finden wir dann die Wildermuth in ihrem Häusle, das sie nur verläßt, um in einem andern auch gleich wieder daheim zu sein. Mit dem Namen Wildermuth verbindet sich vielen Schwaben Trauliches, Enges, Wärmendes, Behäbiges, und es fragt sich, ob man sie vielleicht ungenau gelesen hat, damit das überlieferte Vorurteil nicht gestört werde. Sicher: eine Aufklärerin war die Wildermuth nicht, doch sie verstand zu beobachten. Sie machte das Kleine nicht kleiner, sondern ging damit herzlich und neugierig um. Wahrscheinlich war die Neugier die Triebfeder ihres Schreibens, diese verflixte Lust, den andern nicht nur in die Stube, sondern auch in die Töpfe zu gucken. Sie hätte es ohne Zweifel vorgezogen, stünde hier: in die Herzen. Aber mit den Herzen ist es im Schwäbischen (nicht allein da) und beim Schreiben so eine Sache: die Dinge und die Menschen wollen verzärtelt und gehätschelt sein, und wir enden schon wieder beim Mädle ond beim Bleamle ond beim Häusle ond beim Mändle. Die Wildermuth hat die Gefahr geahnt – ihre »Leser« nicht, denn sie haben sie zu der Wildermuth gemacht, die sie zu kennen und zu schätzen glauben, weil sie sie eben kaum oder gar nicht lesen, sondern sich mit den Anekdoten begnügen, dene liabe G'schichtle. (Womit sich der Diminutiv, mit dem der Schwabe auch das Gewaltige aufs Tagesmaß bringt, wieder eingeschlichen hätte – hat nicht Oskar Heiler in einem Sketsch einen Hund vorgeführt, den er bedenkenlos Homerle rief?)

Ich halte es für denkbar, daß selbst jene Eigenschaft, die man den Schwaben besonders nachrühmt, nämlich ihr demokratischer Sinn, auf diese Schrumpflust zurückzuführen ist: Wie kann sich ein Fürst erhöhen, wenn er für sein Volk ein Fürschtle bleibt (und, ist man ihm nicht wohlgesonnen, zum Würschtle wird)? Man zieht es vor, auf Augenhöhe zu politisieren, und falls einer doch danach trachtet, ein wenig mehr zu sein, zu glänzen, wird er nachsichtig zum Landesvater stilisiert. Mit Vätern weiß jeder umzugehn: die bauet's Häusle, die schaffet wie'd Dackel ond send au sonscht leicht z'lenke. Eine Landesmutter hingegen wäre noch immer undenkbar. Obwohl – und dies führt schon zu den Geschichten der Wildermuth – in diesem Stamm die Männer oft sonderbar feminine und wehleidige Züge haben, während die Frauen oft herrisch und beherrschend sind (in aller übermäßig fürsorglichen Liebe): es sei nur an Mörikes Frau, an Hölderlins Mutter, an Franziska von Hohenheim erinnert. Muttersöhne sind hier üblich, und die Söhne schämen sich dessen nicht. Sie verbergen ihre Empfindsamkeit und Sanftmut allenfalls hinter bruddelnder Geschäftigkeit. Die Frau schafft nicht wie sie – sie sorgt. Sie ordnet sich überlegen unter. Alles das ist kennzeichnend für ein Gruppenverhalten, in dem die Elemente der Beharrung überwiegen. Allerdings häufig in einer Verkehrung und Verzerrung der Normen und Rollen. So wird das »Ländle« doch zur Welt. In Dichtung und Philosophie spiegelt sich diese krause Dialektik am deutlichsten, auch in der Theologie. Wie unheimlich und herrlich bricht die enge und hypochondrische Existenz Mörikes auf in der Sehnsucht nach Orplid oder in der Begegnung mit Peregrina; wie phantastisch weitet sich in den Gedichten Hölderlins die Landschaft der Schwäbischen Alb zur Topographie eines größeren »Vaterlands«: die Höhen Griechenlands und die liebliche Weite der Charente; mit welch gewaltiger Anstrengung führt Hegel die Erfahrungen einer pietistischen Kindheit mit den Gedanken seiner Zeit zusammen, wenn er das Absolute, Gott, und die Philosophie im

»Begriff« verbündet und in ihm dann einen Fixpunkt ihrer Identität erkennt. Nicht wenige sind aus dem »Ländle« fortgegangen oder haben es verlassen müssen – getrennt hat sich keiner ganz von ihm: sie haben es mitgeschleppt, Landschaft und heimatliches Idiom im Gedächtnis, die »Freuden der Kindheit«, die erst im Rückblick zu solchen wurden, die Beschwörungen der Mütter und das Schweigen der Väter. Und nicht wenige andere sind daheim geblieben und haben dem Land das Erstaunlichste abgewonnen: Ideen, Bilder und Erzählungen. Fremd ist keiner ganz geworden. Eine Art von introvertierter Anarchie hat sie die Enge aushalten und sprengen lassen. Die Wildermuth hat die Widersprüche sicher geahnt. Sie schützte sich vor ihnen, indem sie nah an die Dinge heranging, sich am Detail vergnügte, den Diminutiv nüchtern schätzte und die Grenzen ihrer Wirklichkeit nicht zu sprengen versuchte. Sie war ein aufmerksamer Zeuge und führte ein Leben wie ihre bürgerlichen Nachbarn, die Apotheker, Pfarrer, Bürgermeister, Professoren.

2 Ein gewöhnliches Leben

Gleich zu Beginn spielt Geschichte mit, und die »Erinnerungen« machen deutlich, wie sehr die Wildermuth stets um einen freundlichen Ausgleich bemüht ist, wie sie das Schroffe fürchtet. Ihr Vater, Gottlob Rooschüz, war als Kriminalrat vom württembergischen König nach Rottenburg am Neckar versetzt worden. Diese Stadt, erzkatholisch und bis auf den Tag Bischofssitz, war erst 1806 zum Lande gekommen, hatte vordem zu Österreich gehört. Hier kommt Ottilie am 22. Februar 1817 zur Welt. Und alle politischen wie konfessionellen Spannungen, die ohne Zweifel vorhanden gewesen sein müssen, beschwichtigt sie schreibend: »Es war eben eine tolerante Zeit«; selbst »unter dem Volke« habe man die wenigen Protestanten, zu denen die Familie Rooschüz zählte, verständig behandelt, und die Zeit unter den

Österreichern habe sich allenfalls in Floskeln wie »gnä' Frau« erhalten. Sie ist nicht willens, kontrovers zu denken, oder – um schwäbisch zu argumentieren – sie setzt voraus, daß es »menschelet« und man, so oder so, mit jedermann zurechtkommt. Den Vater schildert sie als einen lebhaften, weithin bekannten und beliebten Mann, der gern erzählt und auch dem derben Witz nicht abgeneigt ist. An seiner Lebenskraft wird sie alle Bürger und Bauern und Pfarrer messen, die sie ein Leben lang porträtiert. So wird auch die Mutter, Leonore, zum Vorbild, an dem sich Fraulichkeit, Mütterlichkeit prüfen lassen. Die Eltern prägen: sie haben ein in jeder Hinsicht nachahmenswertes Zuhause geschaffen. Von vornherein werden Grenzen gezogen, werden eine Wärme und ein Schutz empfunden, die zu einem »richtigen Leben« gehören. Aus diesem Leben handelt die Wildermuth und dafür plädiert sie. Das schwäbische Biedermeier findet in ihren Erzählungen einen bis in die Nuance stimmenden Ausdruck. Und ihr Leben verläuft so geradlinig, so beschützt und auch so ereignislos, wie es die auf Ruhe bedachte Epoche wünscht. Mit ihren drei Brüdern spielt und lernt sie. Die Familie ist inzwischen nach Marbach umgezogen, wohin der Vater als Oberamtsrichter versetzt wurde. Zum Lesen zieht sie sich zurück. Sie beginnt früh damit, ihre Phantasie läßt sich vor allem von Vergangenheiten anregen, die sich ins Märchenhafte verklären; sie entzückt sich auch an den eigenen Vorfahren, dem Kroaten Roschiz von Bybenschiz, der im Dreißigjährigen Krieg die Tochter des Nürtinger Spitalmeisters in seine Heimat entführte, später zurückkam und sich in der kleinen Stadt am Neckar den Kroatenhof aufbaute; und sie suchte auch, für einen Moment, nach ihrem Orplid – bei einem Bruder ihrer Mutter hatte sie, gemeinsam mit zwei anderen Mädchen, Unterricht: »Die noch geheimnisvollen nordischen Gegenden beschäftigten ihn am meisten, und uns war es höchst wichtig, als er uns hoch oben an der Landkarte die Insel Nowaja Semlja zeigte, mit dem Bemerken, ›die gehöre dem Kaiser von Rußland, er schenke sie aber jedem, der sie nehmen und bewohnen wolle‹. Da haben denn wir drei Mädchen alsbald glänzende Pläne entworfen, in die auch später die Brüder eingeweiht wurden, wie wir, wohlversehen mit Gerätschaften, Lebensmitteln und Pelzwaren, nach der Insel schiffen, und daselbst einen Palast erbauen und regieren wollten.«

Die Finsternis beginnt nicht rätselhaft zu glühen wie in den Spielen der Brontë-Schwestern; die Phantasie kümmert sich um Realien, sie macht sich »wohlversehen« auf. Dennoch war diese Phantasie nicht furchtsam, sie war – ein schwäbisches Paradoxon – dinglich. Andere Landsleute freilich – von Kerner bis Hölderlin – machten sich davon frei, ließen sich mit Seherinnen ein, vertieften sich in Tintenklekse oder ließen Turmhahn und Wetterfahne vor einem tiefen, dämonischen Hintergrund stehn. Wie anders erfährt die kleine Ottilie die Götter Griechenlands als der Schüler Hölderlin! Sie weiß sich in ihrem eigenen Glauben geborgen, sie läßt sich nicht erschüttern, macht, um »zu Hause« bleiben zu können, die Götter fremd: »Daß es einem einfallen könnte, Göttern *dieser* Art im Gebet seine Anliegen vorzutragen, konnte ich mir nie möglich denken; bei dem Gedicht ›Die Götter Griechenlands‹ (von Friedrich Schiller) dachte ich mir's, halb unbewußt, als eine Art von Grust und Unruhe, wenn allenthalben so ein Gott oder eine Göttin stecke und man nirgends allein und in Ruhe sein könne.« Das Götterwesen wird zum »Gruscht«, der von der ordentlichen Hausfrau beiseite geräumt werden muß.

Ich habe diese beiden sehr bezeichnenden Beispiele aus den Wildermuthschen Kindheitserinnerungen nicht gewählt, um die Autorin zu diffamieren, sondern um eine Existenz- und Erzählhaltung zu erklären. Das Kleine war für sie groß, die Enge weit genug. Sie mußte sich nicht bescheiden. Nicht einmal die Bekanntschaft mit den unruhigen Literaten jener Zeit konnte sie irritieren. Im Gegenteil: in einem frühen Gedicht befriedet sie Lenaus in den Wahnsinn führende Verzweiflung:

Dann, meine ich, erst recht zu ahnen,
Wie stark durch Nacht und Gluten du
Dir durchgebrochen hast die Bahnen
Zu selig schöner Abendruh.

Sie schaute dem Tag zu. Ihre Neugier öffnete Haustüren. Sie schwärmte nicht aus, sie ging spazieren. Kochtopf und Bibel, Kindererziehung und Haushalt, die Freuden und die Ärgernisse der Ehe, Hoffnung und Hypochondrie in den Pfarrhäusern – das waren ihre Themen. Hier ist sie kundig und für die späteren Leser bemerkenswert verläßlich.

1843 heiratete sie Johann David Wildermuth, der als Neuphilologe am Tübinger Gymnasium lehrte. Energisch führte sie die Beschaulichkeit des Elternhauses im Ehestand fort. Sie brachte drei Kinder zur Welt, sammelte Bekannte und Verwandte um sich und veröffentlichte 1847 ihr erstes Prosastück: »Eine alte Jungfer«. Sie beginnt und ist fertig. Eine im Unauffälligen originelle Person wird porträtiert, ein Genrebild gemalt. Anschaulichkeit und Herzlichkeit halten sich verblüffend die Waage. Der Sentimentalität entgegnet drastischer Witz. Und die Mundart färbt den Satzbau. Sie produziert fleißig und ihre Wirkung wächst. Für die Frauen des Landes wird die Wildermuth zur Instanz. So, wie sie schreibt, lebt man, mit den Falten, die sich mehren auf dem Gesicht und auf der Seele. Was sie beschreibt, kennt man. Sie macht das Vertraute noch einmal vertraut. Und überdies kümmert sie sich um Arme und Alte, nützt ihren Ruhm wohltäterisch – so wird sie zum Denkmal des schwäbischen Biedermeier. Das setzt man ihr, nach ihrem Tod, in Tübingen, und Karl Gerok schrieb ein 14strophiges Carmen, das mit Versen endet, die den Wirklichkeitssinn der Wildermuth nun doch bagatellisieren und die dazu geholfen haben, daß man sie kleiner sieht als sie ist:

Ja, noch den späten Enkeln werde
Zum Zeugnis der Ottilienstein:
»O, wunderschön ist Gottes Erde
und wert, darauf vergnügt zu sein!«

3 Dann zieh' ich nach Nürtingen

Gottes Erde, im besonderen die schwäbische, ist in den Geschichten längst nicht so platt wie in Geroks Gedicht; sie kann sehr »hubbelig« sein. In Württemberg erzählt man sich seit den Tagen der Wildermuth eine Anekdote, die auf sie selber gemünzt ist. Sie habe sich mit ihrem Mann übers Alter unterhalten, was dann komme, wie man's halte. Und habe resümiert: »Wenn einer von uns stirbt, zieh' ich nach Nürtingen.« Hier wird ihr Resolutheit bestätigt, und das ist gewiß nicht falsch. Daß diese Anekdote in den »Schwäbischen Pfarrhäusern« steht, hat man längst vergessen (woraus zu schließen ist, daß man gar nicht mehr so oft liest, was man eifrig rühmt). Und dort wird die resolute Lebenstüchtigkeit auch räs. Ein vorzügliches Beispiel für den kleinen und genauen Realismus der Wildermuth: Einem kauzigen Pfarrer, der sich weniger um seine Gemeinde, um so mehr um die Haselnußsträucher in seinem Garten kümmert, wird ein Vikar attachiert. Kurz nach seiner Ankunft, nachdem er die Verhältnisse hat ein wenig studieren können und der Pfarrer sich wieder einmal seinen Sträuchern widmete, fragte ihn die »Pfarrerin ganz zutraulich: ›Herr Vikar, ich höre, Sie verstehen sich auf Physiognomien und sehen den Leuten an, wie lange sie noch leben werden.‹ Der Vikar gab zu, daß er sich hie und da damit befaßt und namentlich bei Kranken oft einen richtigen Blick gehabt habe. – ›Nun, meinen Sie, daß ich oder mein Mann zuerst sterben werde?‹ Als der Vikar, erstaunt über eine so ruhig gestellte Frage dieser Art aus dem Munde einer Gattin, die Antwort schuldig blieb, fuhr sie mit schauerlicher Gelassenheit fort: ›Sehen Sie, ich und mein Mann haben gar nie zusammengepaßt; ich hätte ihn nicht genommen, wenn mir's nicht um einen eigenen Unterschlauf [Obdach] zu tun gewesen wäre. Seit wir geheiratet sind, hat er mich nur erzürnt: wenn ich fett koche, will er mager essen, habe ich eingeheizt, sperrt er die Fenster auf, will ich Bohnen pflanzen, pflanzt er Haselnüsse. Ich ärgere mich nun schon lange nicht mehr, aber ich muß oft denken, es wäre fast am besten, wenn der liebe Gott eins von uns zweien zu sich nähme, ich könnte dann nach Nürtingen ziehen.‹«

Die gefällig weitergesagte Anekdote verändert sich im Original zum sarkastischen Kabinettstück. Zwei Menschen werden in wenigen Sätzen porträtiert und gleichsam als Spiegel dient ein argloser junger Mann, der vielleicht flüchtig im Lavater gelesen hat – den Physiognomien, in denen er jetzt zu lesen hätte, ist er nicht gewachsen. Das Böse bekommt einen komischen Rand.

Wer die Wildermuth auf solche schattigen Stellen hin liest, wird häufig fündig werden. In den »Schwäbischen Pfarrhäusern« liegen sie offen zutage, doch auch in der andern Prosa, im »Kroatenähne«, in der »Jammerbase«, in dem Ausschnitt aus ihren Lebenserinnerungen stößt man auf sie. Das Biedermeier wird schrundig. Alltägliches rauht die Genremalerei auf. Man beginnt die Enge ihrer Wirklichkeit ernst zu nehmen, wie ihre einfache Kunst. Für den, der weiterdenkt, hat die Wildermuth Realien gesammelt.

4 Zwei Bildnisse

In ihren Lebenserinnerungen, die nach ihrem Tod bei Kröner erschienen und von ihren beiden Töchtern ergänzt wurden, sind zwei Porträts wiedergegeben: die Zehnjährige und die alte Frau. Mich hat getroffen, daß das Kind älter scheint als die Greisin. Oder daß beide wie Schwestern wirken – das Alter ist vorausgenommen, die Jugend geblieben. Der Widerspruch ist leicht zu erklären. Die Wildermuth hat ihn immer wieder geschrieben, ohne ihn als solchen zu empfinden. Die Kinder des Biedermeier wurden früh in ihre Pflichten gesetzt. Sie handelten und dachten wie kleine Erwachsene, Hausväter die Buben, Hausmütter die Mädchen. In der Jugend alterten sie rasch, im Alter blieben sie, was sie schon waren. Die scheinbare Bruchlosigkeit gehört auch zum Leben der Wildermuth. Die Spannungen, die Brüche, die Zwänge nahm man als Beigaben der auferlegten Geborgenheit. Ein Verdienst der Wildermuth ist es, sie mitunter nicht verschwiegen zu haben. Und zwar im Kleinen, um das sich die Großen ihrer Zeit nicht kümmerten; die hatten längst jene Grenzen, die sie akzeptierte, gesprengt.

Frühjahr 1977 *Peter Härtling*

Der Kroatenähne

In des Vaters Familie wurde ein Bild aufbewahrt, das den Kindern immer Gegenstand einer geheimen Scheu und respektvoller Bewunderung war. Es stach freilich auffallend von den zahmen Bildnissen von Papa und Mama ab. Es stellte einen Kriegsmann dar aus der Zeit des Dreißigjährigen Kriegs in der abenteuerlichen Tracht der Kroaten. Unter dem breitkrempigen, herabgeschlagenen Hut blitzte ein feuriges Paar Augen mit einem trotzigen und doch wieder treuherzigen Blick hervor, ein sonnverbranntes Gesicht mit einem gewaltigen Schnurrbart paßte vollkommen zu der fremdartigen Soldatentracht. Das Bild ward immer als der »Kroatenähne« * bezeichnet und selbst von den Dienstboten mit einiger Scheu betrachtet.

Lange erfuhren wir Kinder nicht, welche Bewandtnis es mit diesem Ahnherrn habe, bis eines Tags der Christian heulend aus der Schule kam: »Mutter, ich habe mit des Schreiners Gottlieb Händel gehabt. Da sagte er: es sei kein Wunder, daß wir so wild seien, unser Urgroßvater sei ja auch ein Kroat und ein Menschenfresser und halb wild gewesen.«

Die Mutter nahm diese Beleidigung nicht hoch auf, und des Christians Tränen waren bald getrocknet, als sie ihn versicherte: »Was den Kroaten betrifft, so ist dein Urahnherr allerdings ein kroatischer Hauptmann gewesen, aber kein

* Vorbild: O. Wildermuths Ur-Ur-Ur-Urgroßvater Hans Roschiz, geb. 1608 in Weingrab/Ungarn, Stallmeister in einem kroatischen Regiment. 1637 heiratete er die Spitalmeisterstochter Elisabeth Brenner (1615–1692) in Lahr/Baden; sie war 1634 beim Kroateneinfall in Nürtingen von dem Korporal Lorenz Caditsch geraubt worden, der kurz darauf in Burgund an einer Seuche starb. H. Roschiz erwarb 1641 in Nürtingen das Bürgerrecht, wurde später zum Schöffen ernannt und starb dort 1694. Sein »Kroatenhof« steht heute noch.

Menschenfresser. Er ist als ein guter evangelischer Christ hier auf seinem schönen Hofgut gestorben, man heißt den Platz heute noch den Kroatenhof. Ruf einmal den Fritz und den Heinrich und den Konrad und die drei großen Mädchen – die kleinen brauchen's noch nicht zu wissen –, so will ich euch erzählen, wie sich's mit dem Kroatenähne verhalten hat.«

Das Auditorium war bald versammelt, höchst begierig, den langerwünschten Aufschluß zu erhalten, den die Mutter nun endlich folgendermaßen erteilte:

»Ihr wißt es, Kinder, von dem Vater und vom Herrn Schulmeister, wie zur Zeit des Dreißigjährigen Krieges unsre Stadt besonders hart mitgenommen wurde. Obschon man eine gute Obrigkeit hatte, die es verstand, mit den feindlichen Kriegsführern ein Wort zu reden, so hörten doch die Einquartierungen nicht auf, und man war besonders vor der wilden Mannschaft, die im Dienste der Kaiserlichen kam, niemals seines Lebens und Eigentums sicher; dazu wurden die Lebensmittel entsetzlich teuer. Regierender Bürgermeister hier war damals Herr Brenner, der hatte eine einzige Tochter, Magdalena, das schönste Mädchen in der ganzen Stadt. Dazu war sie von hohem Geiste und sehr verständig, der Liebling des Herrn Pastors, der sie von Jugend an unterrichtet und sich an ihrem frühzeitigen Verständnis der Heiligen Schrift ergötzt hatte. Man sagt, sie habe eine so schöne, zarte weiße Haut gehabt, daß man den roten Wein habe durch ihren Hals fließen sehen, und so klare, blaue Augen, daß sie einen Schein von sich gegeben.

Die Magdalene, obwohl recht brav und sittsam, war doch ein keckes, unerschrockenes Mädchen. Als einst die Nachricht kam, daß ein Regiment Kroaten im Anzug sei und in der Stadt werde einquartiert werden, da schlossen die meisten Bürger ihre Weiber und Töchter in die Keller ein, damit ihnen nichts geschehen solle von den wüsten Soldaten. Aber die Magdalene wollte sich das nicht gefallen lassen: sie lasse sich nicht einsperren wie ein Tier, sie wolle selbst sehen, wie es ihrem Vater ergehe, und so ist sie im Hause geblieben.

Beim Bürgermeister wurden ein Hauptmann und zwei Gemeine einquartiert, die sich ordentlich aufführten. Der Hauptmann ist ein schöner stattlicher Mann gewesen, obgleich er etwas wild aussah und einen schrecklichen Bart hatte. Er hat von der ersten Stunde an, da er im Haus war, kein Auge von Magdalene gewendet. Als sie das bemerkt, hat sie sich von ihm abgezogen und ihm immer kurzen Bescheid gegeben. Nur als sie am zweiten Tag von des Vaters Knecht hörte, daß einer der Soldaten sich gegen das Kriegsgesetz verfehlt habe und eine grausame Strafe erhalten solle, da faßte sie sich ein Herz und sprach den Hauptmann beweglich an, dem armen Burschen die Strafe zu schenken, was er ihr im Augenblick bewilligte.

Am Abend des dritten Tages, ehe der Hauptmann abziehen mußte, sprach er mit Magdalene und fragte sie, ob sie als sein Weib mit ihm ziehen wolle? Er sei jetzt auf dem Heimweg begriffen, sei von gutem Geschlecht und habe daheim ein schönes Besitztum. Magdalene sagte ihm mit kurzen Worten, daß sie keine Lust habe, ihr Vaterland zu verlassen, und daß sie nimmermehr einen Kroaten und einen Katholiken heiraten werde. Mit dem Zusprechen konnte der Kroat wenig umgehen; als er fand, daß er verschmäht sei, stieß er in heftigem Zorn seinen schweren Pallasch auf den Boden und sprach kein einziges Wort mehr.

Am andern Morgen früh mußten die Kroaten abziehen. Der Hauptmann hatte sich mit seinem Gaul im stillen auf den Sammelplatz begeben und von keiner Seele Abschied genommen. Eine Viertelstunde darauf ritten die Kroaten in hellem Galopp hinaus; man hat sie gern gehen lassen. Warum aber die Magdalene Brenner gemeint hat, sie müsse die Soldaten abziehen sehen, das kann ich selbst nicht sagen. Als des Hauptmanns Trupp vorbeiritt, war des Bürgermeister Brenners Haustür offen, und drinnen auf dem untersten Tritt der Treppe stand Jungfer Magdalene und schaute zu. Der Hauptmann hatte schon von weitem nach dem Haus hingeschielt, und als er Magdalene im Flur sah, sprang er wie der Blitz vom Gaul, hinein in das Haus, faßte sie bei der Hand und wollte sie fortziehen. Magdalene weigerte sich und umschlang mit ihrem Arm, um sich zu halten, den großen hölzernen Knopf am Treppengeländer. Der Hauptmann, schnell wie das Wetter, reißt seinen Säbel heraus, haut den Knopf damit ab, ohne der Jungfer ein Leid zu tun, nimmt sie mitsamt dem Treppenknopf auf den Arm wie ein Kind, springt auf seinen Gaul und reitet mit ihr in gestrecktem Galopp seinen Kameraden nach. Die Treppe mit dem abgehauenen Knopf steht heute noch im Hause, wo jetzt der Färber Zoller wohnt, da könnt ihr sie sehen.

Der Bürgermeister sah eben zum Fenster hinaus und schrie jämmerlich auf, als er sein Kind wie im Sturmwind davonfliegen sah. Es waren eine Menge Leute auf den Straßen und an den Fenstern, und da gab es ein entsetzliches Schreien, Laufen und Rennen. Man wollte nach, aber wie? Nachreiten war eine Kunst, die guten Gäule hatten sie mit fort und ihre schlechten dafür dagelassen. Alles, was Füße hatte, sprang ihnen nach und guckte, so weit man den Staub noch sehen konnte; dann kehrten sie um und wußten nicht was. Der Bürgermeister aber war wie gelähmt an Seele und Leib und mußte bald sein Amt abgeben, er sei nur noch wie ein Schatten herumgegangen.

Wie es der Magdalene ergangen ist, die seither ihres Vaters Liebling und die vornehmste Jungfer der Stadt gewesen, allein unter einem Haufen Kroaten, auf einem wilden Pferd, durch dick und dünn, das kann man sich wohl nicht arg genug vorstellen. Das kann ich euch aber sagen, weil man es nachher aus ihrem eigenen Munde gehört hat, daß es den Hauptmann selbst erbarmte und gereute. Er hat sie in Ehren gehalten wie seine Schwester, sie gehütet wie seinen Augapfel und für sie gesorgt, so gut er nur konnte. Zurückbringen konnte er sie nicht mehr, oder wollte er nicht, und so hat er sie denn unverletzt in das Kroatenland gebracht. Dort hat sie eingewilligt, seine Frau zu werden, und weil er ein gutes Herz hatte und die Magdalene ihm unbeschreiblich lieb

war, so hat sie zufrieden mit ihm gelebt, obwohl sie das Heimweh fast umgebracht in dem fremden Land, unter den fremden Leuten mit dem fremden Glauben. Es war dort alles katholisch, und nur mit der größten Heimlichkeit durfte sie in der Bibel und in dem schönen geistlichen Liederbuch lesen, die sie unter ihres Mannes Kriegsbeute gefunden hatte.
Es war ihr oft, als werde ihr Mann mit jedem Tag milder und freundlicher, und sie gewann ihn recht von Herzen lieb. Sie gewahrte, daß er sich oftmals in das Kämmerlein schlich, wo sie gewöhnlich ihre Andacht zu verrichten pflegte. Einmal ging sie ihm leise nach und fand ihn, wie er in ihrer Bibel las. Er schaute auf, blickte sie freundlich an und sagte: »Magdalene, ich glaube, wie es da drinnen steht, so ist's recht.«
Da erzählte er ihr zu ihrer herzlichen Freude, wie er einmal zufällig in ihre Bibel geschaut und seitdem fleißig darin gelesen, wie er daraus anders beten gelernt als an seinem Rosenkranz und wie er nun wünsche, seinem Gott hinfort in ihrer Weise zu dienen. Sie dankte Gott, daß er sie darum in die Hand eines wilden Kroaten hatte fallen lassen, daß sie ihm an ihrer Hand einen frommen, lebendig glaubenden Gatten zuführe. Als er einmal so weit war, fand er bald, daß er mit dem neuen Glauben in dem alten Lande nicht bleiben könne; da ist es der Magdalene nicht mehr schwer geworden, ihn zu bewegen, daß er mit ihr in ihre liebe Heimat ziehe.
Das geschah etwa zehn Jahre, nachdem Magdalene war von dem Kriegsmann fortgeführt worden. Ihr könnt euch denken, wie die Leute aufgeschaut haben, als es hieß, die Magdalene Brenner sei wieder da mit dem Kroaten. Es soll ein Laufen und Rennen der Leute gewesen sein, fast so arg wie an dem Tag, da er mit ihr fortgeritten war. Sie sei damals noch eine recht schöne Frau gewesen, und es ist schade, daß von ihr kein Bildnis mehr da ist.
Der alte Bürgermeister lebte noch, er sei aber fast vor Freude gestorben, als er sein einziges Kind wiedersah, gesund und wohlbehalten, und er hat gar nichts dagegen gehabt, daß sie

Frau Hauptmännin genannt wurde. Der Kroat hatte auch ein schönes Vermögen mitgebracht. Das Geld war damals rar im Lande, Güter bekam man spottwohlfeil, nur die Häuser darauf waren verbrannt. Da kaufte er sich einen schönen Hof draußen vor der Stadt, wo es B. zugeht, und baute ein Wohnhaus darauf. Dort hat der Kroat mit seiner Frau in Stille und Frieden noch viele Jahre gelebt. Der alte Bürgermeister ist auch zu ihnen hinausgezogen.
Der Hauptmann soll ein stiller und gottesfürchtiger Mann gewesen sein, der recht fleißig zur Kirche ging. Die Leute haben aber doch noch eine gewisse Scheu vor ihm behalten, und wenn er abends durch seine Felder wandelte, behaupteten sie, mache er allerhand seltsame Zeichen in die Luft, womit er die Wetter bannen könne. Unrechtes hat man nichts von ihm gehört, mag aber wohl sein, daß er hierzulande nie so recht daheim wurde und oft umgetrieben ward vom Heimweh nach seinem fernen Vaterland. Die Kinder soll er unaussprechlich lieb gehabt haben, und die haben auch bald seinen großen Schnauzbart nicht mehr gefürchtet.
Sein einziger Sohn, der ihm erst hier geboren wurde, ist der Vater eures Urgroßvaters gewesen. Soldatenblut ist aber scheint's keines von dem Kroaten übriggeblieben, denn wir haben seither keine Militärperson in der Familie gehabt. Auf der Seite seines Bildes seht ihr unser Familienwappen, das von ihm stammt: den flammenden Stern darin hat er seiner Frau zu Ehren aufgenommen, sowohl wegen ihres Namens, als auch um anzudeuten, daß sie für ihn dem Stern Bethlehems gleich war und ihn zu seinem rechten Heile geführt hat.
Und so verhält es sich mit unserm Urahn dem Kroaten, der ein Menschenfresser und halb wild gewesen ist.«

Die Urgroßmutter

Es gilt bekanntlich für ein Abzeichen und Standesvorrecht altadliger Geschlechter, einen Hausgeist zu besitzen, der in einem Gewölbe des Stammschlosses verborgen liegt und bei feierlichen Gelegenheiten um Mitternacht seine grausige Runde macht, um wichtige Änderungen anzukünden. In bürgerlichen Geschlechtern ist man auf die Ehre eines Familiengespenstes nicht sonderlich erpicht und bildet sich nichts darauf ein, denn während adlige Geister nur das Hochwild der Verbrechen: Mord, Totschlag, Hochverrat und dergleichen erjagt haben, so sind die bürgerlichen Gespenster dagegen betrügerische Kaufleute, ungerechte Richter, wenn nicht gar gemeine Diebe; drum gilt es bis in die alleruntersten Schichten der Gesellschaft für etwas Entsetzliches, wenn eins aus der Familie »geistweis gehen« muß.
Eine andre Art von stillen, vergessenen Hausgeistern aber liegt fast in jedem Hause, in irgendeinem staubigen Winkel der Rumpelkammer – Geister, die nur erlöst werden, wenn es eine große Katastrophe, einen Sterbefall, einen Auszug in der Familie gibt und die man sogar häufig unbesehen verbrennt. Diese stillen Hausgeister sind die verjährten Familienbriefe, die in alten Kisten und Schachteln, den bescheidenen Archiven bürgerlicher Häuser, aus Pietät aufbewahrt werden, bis man sie am Ende aus Desperation über den wachsenden Gruscht ins Feuer wirft.
Hinter solch ein Familienarchiv bin ich auch einmal geraten und habe die armen Briefe vom Feuertod errettet. Und schade würde es gewesen sein, wenn sie untergegangen wären!
Freilich habe ich keine wichtigen Geheimnisse und »dunklen Taten« darin entdeckt, aber viele langvergessene Vergißmeinnichte, getrocknete Rosen, die einen Teil ihres Dufts Jahrzehnte durch bewahrt haben; Liebesbriefe mit Zöpfchen aus der Zeit, als der Großvater die Großmutter nahm, schön-

gedruckte Hochzeits- und Leichenkarmina, worin gar rührende Stellen zu finden. Zum Beispiel:

O wie schön war sie an jenem Tage,
Wie errötete ihr Angesicht,
Als sie auf des Freiers Frage
»Sie sind allzu gütig« spricht!

Da fand ich denn auch den Lebenslauf der Urgroßmutter*, von ihr selbst beschrieben. Er ist schlicht und in kurzen Worten abgefaßt: denn der Selbstkultus, den man heutzutage mit Tagebüchern, Selbstbeschauen und Reflexionen über seine eigene werte Person feiert, war zu jener Zeit noch ziemlich unbekannt. Aber aus diesen einfachen Andeutungen, ergänzt durch die Traditionen der Familie, weht ein so frischer, kräftiger Hauch, ein Hauch von dem »Geist des Glaubens und der Stärke, des Gehorsams und der Zucht«, wie er unsrer Väter Eigentum war, daß ich denke, er könnte auch in unsrer vielseitigen Zeit da und dort noch eine Stirn erfrischend berühren.

Sie war recht aus altwürttembergischem Blut, ihre Vorfahren waren Oberamtleute, Hofgerichts*apfocaden* (wie sie selbst schreibt), Pfarrer und abermal Pfarrer. Die Mama war eine Pfarrtochter, der Papa eines Pfarrers Sohn und selbst ein Pfarrer, und weil der so brav gewesen ist, so hat die Mama nach seinem Tod noch einmal einen Pfarrer geheiratet. (In diesem Pfarrkonglomerat war es denn auch kein Wunder, daß einer ihrer Brüder, als schüchterner Student um seine Familie befragt, verlegen antwortete: »Bitte um Verzeihung, meine Mutter erster Ehe war eine geborene Pfarrerswitwe.«)

* mütterlicherseits: Heinrike Regine geb. Krummbein (1729–1810); sie heiratete 1750 Pfarrer Schneck, 1767 Johann Georg Müller (1721–1798), Pfarrer in Fellbach. Eine Tochter aus der zweiten Ehe tritt als Großmutter im »Fürstlichen Schloß« auf.

So war es denn natürlich, daß auch sie einen Pfarrer nehmen mußte. Aus ihren Jugendtagen sind keine Briefe mehr vorhanden, und ihre Herzensgeheimnisse, wenn sie welche gehabt, ruhen mit ihr im Grabe. So aber, wie sie in ihrem Leben und aus ihren Briefen sich darstellt, war sie von den klaren lebenskräftigen Gemütern, die in Traum und Wachen der höheren Führung nicht vorgreifen und darum auch keine schweren Herzenskämpfe zu bestehen haben. Ein junger Geistlicher der Gegend, Herr Magister Trutz, hatte sein Auge auf sie geworfen, als sie noch ein sehr junges, blühendes Mädchen war – sie aber die ihrigen just nicht auf ihn. Ihre selige Schwester hat oft mit Lachen erzählt, wie sie einmal zusammen Flädle gebacken; der Urgroßmutter war eins verbrannt, sie hob es lachend in die Höh: »Da sieh, das ist so schwarz wie der Magister Trutz!« An selbigem Tage aber kam der Magister Trutz in einem nagelneuen schwarzen Rock und hielt um die Jungfer Regina feierlichst an. Gehorsam der Eltern Willen ist sie seine Frau geworden und hat alsbald ihre Aufgabe mit der Freudigkeit eines frommen Gemüts, mit der Kraft und Frische ihrer klaren Seele begriffen und gelöst.

Der Pfarrer Trutz war ein frommer, friedsamer und tiefgelehrter Mann, aber sehr still und in sich gekehrt; er beschäftigte sich mit mechanischen Künsten und chiliastischen Berechnungen und konnte sich so drein vertiefen, daß er oft der praktischen Amtspflichten darüber vergaß. Da verstand es nun die junge Frau zu sorgen, daß seine träumerischen Abwesenheiten niemand störend auffielen. Sie wußte mit ihrem hellen, praktischen Blick ihm einen Teil der Seelsorge abzunehmen, ohne daß es so aussah; sie wußte sein Interesse fürs wirkliche Leben anzuregen und hielt den häuslichen Herd warm und hell für ihn, wenn er nach langen einsamen Stunden wieder dahin zurückkehrte.

So hat *er* sie hoch und wert gehalten als den freude- und friedebringenden Engel seines Lebens, und *sie* hat aus der Tiefe seines Wesens den Ernst und die Kraft des Glaubens geschöpft, auf die sich erst mit Sicherheit ein frisches und fröhliches Leben und Wirken erbauen läßt.

Einmal hat ihre Fassung eine schwere Probe durchgemacht. Sie war mit ihrem Mann auf eine neue Stelle gezogen und ging am ersten Sonntag nach seiner Antrittsrede, wie es einer christlichen Pfarrfrau geziemt, in die Kirche, ehrbar und feierlich in Schwarz gekleidet. Den Pfarrer mußte man auch auf Berufswegen seinen eigenen Gang gehen lassen: oft saß er mit Tagesanbruch schon in der Sakristei und bereitete hier im stillen seine Predigt vor; oft kam er erst, wenn der Gesang schon begonnen hatte, in die Kirche. Die neue Gemeinde hatte von diesen Seltsamkeiten noch nichts gehört, nur der Schullehrer, ein alter Bekannter, wußte davon.

Es wurde ein langes Lied vor dem Gottesdienst gesungen. Von dem vierten Vers an schaute die Frau Pfarrerin nach der Sakristeitür, der Pfarrer kam nicht. Man sang das Lied zu Ende, der Schullehrer fügte hinten noch gar einen schönen Schnörkel hinzu, der Pfarrer kam nicht. Die Gemeinde wurde unruhig, die Buben hinten im Chor, die man ex officio zur Kirche getrieben und die bis jetzt mechanisch das Lied hergebrüllt, hofften nun mit innerem Jubel auf irgendein Ereignis. Aller Augen hefteten sich auf den Stand, hinter dessen Gittern die Pfarrfrau saß, ruhig, würdig, das offene Gesangbuch in der Hand; auf welchen Nadeln, das fühlte nur sie. Der Pfarrer kam nicht.

Sie winkte dem Schullehrer mit den Augen zu, der ging in die Sakristei um nachzusehen. Da stand der Pfarrer auf dem Tisch mit gefalteten Händen, augenscheinlich in heftiger Bewegung. »Aber um Gottes willen, Herr Pfarrer, wo bleiben Sie? Die Gemeinde wartet!«

Ohne ein Wort zu sagen, stieg der Pfarrer von seinem Tisch herab, dem Schulmeister voran in die Kirche und auf die Kanzel. Seine Predigt, die er mit zitternder Stimme begann, wurde bald so kräftig und salbungsvoll, daß die Gemeinde sein Zögern vergaß, bis sie auf dem Nachhauseweg die Köpfe wieder darüber zusammensteckte.

Die Frau Pfarrerin ging wie immer mit gemessenem Anstand nach Hause, sorgte ihrem Mann für frisches Weißzeug, das er jedesmal nach der Predigt brauchte, und erst beim Mittagessen begann sie mit teilnehmender Frage: »Ist dir unwohl geworden?« – »Das nicht, Frau, aber schließ die Tür, so will ich dir sagen, was mir begegnet ist! Ich stand in der Sakristei und sang der Gemeinde das Lied nach, als ich aus einer Ecke ein klägliches Weinen wie von einem kleinen Kinde hörte. Ich öffnete die Tür nach der Straße, um zu sehen, ob draußen vielleicht ein Kind allein geblieben sei; die Straße aber war leer und ganz still. Sobald ich die Tür geschlossen, hörte ich dasselbe Geschrei wieder aus derselben Ecke. Ich sah scharf hin: da stieg aus dieser Ecke eine lange, große Schlange und wand sich langsam auf mich zu, ich stieg auf den Stuhl, sie schlang sich darum, da stieg ich auf den Tisch und begann zu beten, sie zog sich langsam zurück – und so hat mich der Schulmeister gefunden.«

Nun war die Urgroßmutter zwar eine starke Seele, aber durchaus kein »starker Geist« und weit entfernt, die Möglichkeit übernatürlicher Erscheinungen zu leugnen; da sie jedoch die seltsamen Stimmungen ihres Mannes kannte, dachte sie, es könne eine seiner Einbildungen sein und suchte ihn zu beruhigen. Am nächsten Sonntag trat er schon während des ersten Liederverses hastig auf die Kanzel und erklärte nachher seiner Frau, daß er dieselbe Erscheinung wieder gehabt und die Sakristei nimmer betreten könne. Die Urgroßmutter berief am folgenden Tag einen vertrauten Maurer, mit dem sie vor Tagesanbruch dann in die Sakristei ging.

Sie ließ in der unheimlichen Ecke das Wandgetäfer abreißen und nachgraben. Da fand sich tief im Grunde ein uralter, halbvermoderter Reiterstiefel, in dem ein Kindergerippe stak. Die Urgroßmutter ließ den Stiefel verbrennen und das Gerippe begraben, ohne ihrem Mann eine Silbe davon zu sagen.

Mit großer Mühe bewog sie ihn doch, am nächsten Sonntag

wieder in die Sakristei zu gehen. Diesmal aber kam er ruhig zur rechten Zeit auf die Kanzel und hat von Stund an nichts mehr bemerkt. Welches Geheimnis aber sich an den schauerlichen Fund knüpfte, hat die Urgroßmutter nie ergründen können.

Fünfzehn Jahre in Freud und Leid hat sie mit diesem Manne verlebt, sein Licht in trüben, seine Stütze in schwachen Stunden, und allmählich hat ihr heller Sinn die dunklen Schatten zerstreut, die sich so oft um seine Seele gelagert.

Da starb er und hinterließ sie in tiefem Witwenleid. Sie hatte ihn geliebt, nicht nur wie ein rechtschaffenes Weib ihren Herrn und Gemahl liebt, nein, auch wie eine Mutter ihr Kind, um das sie Sorge tragen muß Tag und Nacht.

Ihre Sache war es nun aber nicht, sich mit ihrer Trauer in ein Witwenstübchen zu begraben und dort bei Spindel und Nadel still und unbewegt ihre Tage zu verleben; noch viel weniger wäre es nach ihrem Sinn gewesen, mit dem ansehnlichen Vermögen, das ihr ihr Gemahl hinterlassen, in einer großen Stadt die reiche Witwe zu spielen und das Leben zu genießen. Arbeit war das Element ihres Lebens.

Nun ist nicht zu fern von dem Ort, wo ihr Mann begraben liegt, ein altes Schlößchen: Hohenentringen. Es knüpfen sich keine ritterlichen Sagen an das einfache Gemäuer, das ohne vornehme Prätentionen von seiner Höhe niederschaut auf die schönen Kornfelder und Wiesen, die dazu gehören. Das Schlößchen, das kurz nach ihres Mannes Tod verkauft wurde, hat sich die Urgroßmutter zum Sitz erkoren. Das Haus war öde und unwohnlich, die Güter verwahrlost, die Ställe verdumpft: – vor dem allem fürchtete sie sich nicht, das war recht das Element für ihren betriebsamen Geist.

Es war im Spätherbst, als sie abends mit ihrem zehnjährigen Töchterlein in dem kleinen Dorf Entringen ankam, das am Fuß des Schloßbergs liegt. Sie wollte keine Nacht unter fremdem Dach schlafen, daher traf sie gleich die nötigsten Anstalten im Schlößchen für ihr Nachtquartier. Das kleine Mädchen ließ sie solange im Wirtshaus im Dorf. Als sie spät vor Schlafengehen das Kind heraufholte, sagte ihr die: »Aber Mutter, die Bauern im Wirtshaus haben recht aufgeschaut, wie ich ihnen erzählt, daß du einen ganzen Sack voll Geld mit hast.« – »Einfältiges Ding«, rief die Mutter ärgerlich, indem sie ihr für die unzeitige Renommage ein paar Ohrfeigen verabfolgte, »konntest du nichts Dümmeres sagen? Es ist ja gar kein Geld.« Das Töchterlein schwieg erschrokken und begriff nicht recht, warum sie dieser unerwartete Einschlag getroffen, während sie doch nur ihre Mama hatte in Ansehen bringen wollen.

Der Urgroßmutter war's bedenklich; sie schlief die erste Nacht mit einer jungen Magd ganz allein im Schlößchen, da sie sich die übrige Dienerschaft aus dem Orte selbst herziehen wollte, und war so ganz schutzlos. Viel Lärm zum voraus wollte sie nicht machen. Als die Magd und das Kind schon im Schlaf lagen, suchte sie im stillen nach einer Waffe; sie fand nichts Taugliches für ihren Zweck als das Küchenbeil. Das nahm sie an ihr Bett, welches sie im großen Saal des Schlößchens, der nach vorn ging, hatte aufmachen lassen, und legte sich angekleidet schlafen, nachdem sie sich und ihr Kind in Gottes Hut befohlen.

Nach Mitternacht erwachte sie an einem leisen Geräusch, sie setzte sich auf und lauschte. Am Fenster wurde von außen ein Stück aus dem Laden geschnitten. Durch die Öffnung kam eine Hand, der es gelang, das schlechtverwahrte Fenster von außen sachte aufzudrücken. Inzwischen hatte sich die Urgroßmutter leise erhoben, ging ans Fenster und führte mit ihrem Beil einen kräftigen Streich auf die besagte Hand – mit einem heftigen Schrei ward sie schnell zurückgezogen. Die Urgroßmutter hörte einiges Geräusch, wie von einer fallenden Leiter, dann ward's still. Nach einer Weile öffnete sie das Fenster um hinabzusehen, ob kein Verwundeter drunten liege, aber sie hörte und sah nichts mehr. So machte sie denn Licht, setzte sich aufs Bett und las in ihrer Bibel, bis der Morgen anbrach.

Sie sprach kein Wort von dem nächtlichen Abenteuer, schickte aber beizeiten die Magd zu dem Wirt im Dorf, daß er ihr einen Taglöhner sende zum Abpacken ihrer Effekten. Die Magd brachte einen; der Thomas aber, meldete sie, zu dem sie der Wirt zuerst schickte, der liege krank im Bett, er habe sich beim Holzhacken gestern abend spät in die Hand gehauen.

Die Urgroßmutter wußte nun, woran sie mit dem Thomas war. Sie schwieg über die Sache, der Thomas wahrscheinlich auch; von Stund an blieb sie aber unangefochten auf ihrer kleinen Burg. Da begann sie nun zu schalten und zu walten recht nach ihres Herzens Lust – ihre Äcker waren bald die schönsten, ihr Vieh das stattlichste, ihre Dienstboten die bestgezogenen in der Gegend. Im Sommer hatte sie alle Hände voll zu tun, bis sie die Runde machte auf Feld und Wiesen und ein scharfes Auge hielt auf Knechte und Mägde. Im Winter wurde ihr die Zeit auch nicht lang: da holte sie nach, was die damalige überpraktische Zeit an ihrer Erziehung versäumt hatte, machte sich Auszüge aus den besten Schriften, schrieb ihre eigenen Betrachtungen über Zeit und Leben, in sehr ungekünstelter Sprache zwar und mit vielen Schreibfehlern, aber aus der Tiefe eines klaren, frommen Gemüts, das seines Weges sicher war. Über alle Ereignisse ihrer inhaltreichen Zeit führte sie genaue Tagebücher, und es ist ergötzlich zu sehen, wie in ihren Hauskalendern Weltbegebenheiten und häusliche Ereignisse friedlich Seite an Seite stehen:

D. 1. Okt. [1761] Hat der estreichisch General Laudon die Stadtt Schweidniz ihberfallen.	Die Schweizerkuh gekalbet, es wigte 60 Pfund.
Am 5ten Januar [1762] die Kaiserin Elisabeth von Rußland gestorben.	Die große Sau gemezget, hat drei und einen halben Zentner gewohgen.

28. Nov. [1762] Hat der Herzog [Karl Eugen] den General Rieger auf den Aschberg geschickt. wer da stehet der sehe zu daß er nicht falle.

Vier Scheffel Denkel an den Müller Schwarzen verkauft. a 6 fl.

Ihr Töchterlein bildete sie mit Liebe und Fleiß heran und lehrte sie tüchtig die Hände rühren und den Kopf brauchen.
Der Weg vom Schlößlein in das Dorf und in die Nachbarschaft war zuzeiten oft unzugänglich, und doch gab es für die große Ökonomie vieles zu besorgen; daher war die Urgroßmutter zu häufigen Ausflügen genötigt, so wenig sie Zeit und Lust zu Vergnügungsreisen hatte. Sie schulte sich ein zahmes Ackerpferdlein ein, auf dem sie ihre Güter bei schlimmem Wetter besuchte und ihre Geschäftsreisen machte und sie hat als sehr alte Frau noch mit einigem Vergnügen erzählt, wie sie in ihrem Federhütchen einmal durchs Land geritten sei und ein Bauer sie gefragt habe: »Wo will denn die schöne Jungfer hin?« – »Und meine Sophie war doch schon zwölf Jahre alt!« fügte sie hinzu.
So lebte sie auf ihrem Schlößchen in großem Frieden, wenn auch nicht in Ruhe; aber zu lange sollte die Herrlichkeit nicht dauern. Es konnte nicht fehlen, daß die schöne stattliche Frau, deren häusliche Tugenden weitumher bekannt wurden, die Augen gar manchen Witwers und Ledigen auf sich zog. Aber sie entschloß sich sehr schwer zu einer zweiten Heirat, sei es aus Treue für den ersten Gatten, sei es, daß sie sich gern der goldenen Freiheit in ihrem bewegten Wirkungskreis freute. Endlich aber gelang es doch dem Herrn Pfarrer Weddler, einem ehrbaren Witwer, die schöne Witwe von ihrem Schloß herab in sein freundliches Dorf Rebenbach zu führen, wie des langen und breiten in einem anmutigen Hochzeitskarmen erzählt ist, das also beginnt:

Geehrteste Frau Braut! Hier kommt ein Hochzeitsstrauß
Vom Weilenberger Markt, aus wohlbekanntem Haus.
Ganz kürzlich war ich erst nach Weilenberg gekommen,
Da hab ich alsobald die Neuigkeit vernommen:
Frau Pfarrer Trutzin ist Herrn Pfarrer Weddlers Braut
Und Dienstag werden sie zu Rebenbach getraut ...

Der Pfarrer Weddler war nun ein Mann ganz andrer Art, als der erste Gemahl: groß und stattlich, wie er jetzt noch in der schön gepuderten Lockenperücke aus seinem Bild herabschaut, ein Mann, der als Hofmeister die Welt gesehen, von frischem, lebenskräftigem Sinn, voll Salbung und Selbstgefühl. Da galt es denn zunächst nicht zu trösten und aufzuheitern, die Bürde des Mannes zu tragen, um ihn in Würde zu erhalten: es galt sich aufzurichten in aller Kraft und Lebensfülle des Geistes und Körpers, um als »Gefährtin, die ihm entsprechend sei«, dem Mann zur Seite zu stehen.

Zu Sophie, ihrem Töchterlein, das dereinst so zur Unzeit der Mutter Reichtum gepriesen, führte ihr der Gatte noch eine hübsche Tochter und drei kräftig heranwachsende Söhne aus seiner ersten Ehe zu. Die neue Mutter ward mit Freude und Liebe aufgenommen, und ein Triumphzug wie der, in dem man die neue Frau Pfarrerin zu Rebenbach einholte, war daselbst seit Menschengedenken nicht gesehen worden.

In dem Pfarrhause, über dem, solange die erste Gattin, eine edle, aber leidende Seele gelebt hatte, beständig eine leichte Wolke gehangen, gestaltete sich nun in Fleiß und Frömmigkeit ein frisches, frohes und kräftiges Leben. Zwei Töchter entsprossen der neuen Verbindung, das Dörtchen, des Hauses Zier und Krone, und die muntere Wilhelmine. Unter den Geschwistern war neidlose Liebe und Eintracht, ein Segen, der sich noch bis auf die Urenkel erstreckt; jede Freude und Ehre, die das eine erlebte, war ein Jubel für alle. Die Mutter führte die Zügel des Hauses mit kräftiger Hand und schadete ihren Kindern weder durch die weichliche Schonung der guten Stiefmutter, noch durch die lieblose Härte der schlimmen.

Eine Hausfrau wie die Frau Pfarrerin in Rebenbach war weit und breit nicht zu finden. Die Pfarrfrauen der Gegend machten förmliche Wallfahrten, um neue Vorteile im Gartenwesen und der Viehzucht von ihr zu erlernen; sogar auf den neuen Wein, so höchst einfach und fast unglaublich mäßig sie selbst war, verstand sie sich von Grund aus, so daß sie fast für alle Bekannten im Herbst die Einkäufe zu besorgen hatte. Man schickte ihr junge Töchter von Verwandten und Freunden aus dem halben Vaterlande, um unter ihrer Zucht und Leitung sich zu guten Hausfrauen auszubilden, oder heimatlose, verwaiste Mädchen, die aus dieser Schule gewiß waren, nachher gute Stellen zu finden.
Auf Zucht und Sitte hat die Frau Urgroßmama streng gehalten und keinen Sinn für die Lizenzen der damaligen Poesie gezeigt. Einmal war ein munteres, leichtfertiges Bäschen aus Stuttgart zum Besuch da, nicht um sich bilden zu lassen, sondern wie sie dachte, um zu bilden und um den landpomeranzigen Basen in ihrem neuen Aufsatz mit Pumpelrosen und ihrer neumodischen Kontusche zu imponieren. Das Bäschen war auch musikalisch und produzierte ein nagelneues Lied, das eben erst in der Residenz in Mode gekommen war. Es fing an:

Komm, Herr Heinrich, komm herein,
Komm, wir sind alleine . . .

Die Urgroßmutter hörte den ersten Vers an. »Wie, Philippine, zeig mir das Lied her!« Wohlgefällig brachte es das Bäschen, verwundert, daß die alte Tante doch noch Geschmack an so was finde. Die Tante nimmt es ruhig in die Hand: »So, jetzt bring einen irdenen Teller und ein Licht herein!« Das Bäschen guckt sie verblüfft an, man weiß aber kein Beispiel, daß jemand versucht hätte zu widersprechen, wenn die Urahne etwas ernstlich befahl. »So, und nun legst du gleich den Wisch da auf den Teller und verbrennst ihn vor meinen Augen! Meinst du, so dummes Zeug dürfe vor die Ohren meiner Mädchen kommen? Schäm du dich dein Lebtag, daß du's gesungen hast!«

Das Bäschen hat ohne Widerspruch das Autodafé vollzogen und später keine Versuche mehr gemacht, das Pfarrhaus zu modernisieren. Überhaupt hatte die Urahne, deren Herz selbst ruhig geblieben oder wenigstens gar bald ruhig geworden war, wenig Nachsicht für junge Herzensträume, und die Stieftochter, die sonst mit voller kindlicher Ehrfurcht an ihr hing, hat davon mit einiger Bitterkeit ein Beispiel erzählt:

»Unter den durchziehenden Truppen, die im Pfarrhaus Quartier genommen, ist einmal ein Herr von Strahlenau gewesen, ein schöner junger Mann, und so fein gebildet, so ernst und so gefühlvoll, wie gar kein andrer! Er hat mit niemand im Haus so viel gesprochen wie mit mir, und als er uns eines Abends ankündigte, daß er am andern Morgen abmarschieren müsse mit seinem Regiment, da war mir's wie ein Donnerschlag – ich wußte wohl, daß ich ihn nie mehr sehe in diesem Leben. Ich habe die ganze Nacht nicht geschlafen und bin vor Tag aufgestanden, daß ich den Abschied nicht verfehlen soll. Der Strahlenau war noch nicht auf, aber die Eltern und die Schwestern, und allen tat der Abschied leid, und jedes wußte etwas an ihm zu loben. Ich aber konnte fast gar nichts sagen. Da schaute mich die Mutter sehr scharf an und sagte: ›Christiane, ich glaub, du bist ganz begeistert, geh lieber auf den Acker! Die Erdbirnen müssen gefelgt sein.‹ Da nahm ich meinen Spaten und ging. Wie mir's aber ums Herz war, das kann ich keinem Menschen sagen. Draußen auf dem Acker hörte ich von weitem die Trompetenmusik, mit der sie abzogen; da hab ich mich auf einen Stein gesetzt und geweint und geweint – ich hätte mein ganzes Herz ausweinen mögen! Den Strahlenau hab ich nimmer gesehen. Die Mutter selig hat's wohl gut gemeint, aber das kann ich ihr doch in meinem Leben nicht verzeihen, daß sie mich nicht einmal Abschied nehmen ließ.«

Und doch war ein Element von Poesie in dem Wesen der Urgroßmutter, was sich zumeist in ihrer Neigung zur Einsamkeit zeigte, der sie freilich selten folgen konnte. Ihr liebes Hohenentringen gab sie nur in Pacht und behielt es sich als Eigentum vor, bis sie es später der ältesten Tochter bei ihrer Verheiratung übergab. Dort freute sie sich hie und da der Ruhe und Stille aus dem vielbewegten Treiben daheim, dort schrieb sie ihre historischen Notizen, ihre Bibelstudien, ihre Auszüge nieder und sammelte ihren Sinn aus all den Stürmen, die die Welt erschütterten, zu tiefem, innigem Versenken in den Quell aller Ruhe, und mit besonders klarem Auge und frischer Seele kehrte sie wieder in ihr unruhiges Haus zurück.

Sie bekam genug einzutragen in ihren Kalender, die gute Urahne, und die Zeit wäre ihr fast über den Kopf gewachsen. Die Französische Revolution, Napoleon, Deutschlands Schmach und des Unterdrückers kurze Herrlichkeit warfen ihren roten Fackelschein in ihren Abendhimmel.

Kriegszüge überschwemmten das Land, Franzosen, gleich ungebeten als Freunde wie als Feinde. Einmal war schon dem Dörflein, das die hohe Brandschatzungssumme nicht erschwingen konnte, Plünderung gedroht. Der Urgroßvater, der dank seiner Hofmeisterlaufbahn der französischen Sprache mächtig war, errettete es durch einen Brief, worin er den Offizier »pour la gloire de la nation française« beschwört, das Dörflein wegen seiner, eines Greisen, und seiner alternden Gattin zu schonen. Das Dorf wurde glimpflich behandelt, und das Pfarrhaus bekam eine Sicherheitswache. Das Konzept dieses Briefs wird als Andenken an die Errettung noch in der Familie bewahrt.

Es wurde ihr selbst die Ehre und Freude zuteil, den Helden seiner Zeit, den Erzherzog Karl *, auf dem Zuge nach Frankreich unter ihrem Dach zu beherbergen; der Prinz soll herzlich gelacht haben, als sie ihn, um ja gewiß des schuldigen Respekts nicht zu verfehlen, mit »Euer Majestät« anredete.

* von Österreich (1771–1847); 1796 schlug er die Franzosen über den Rhein zurück, 1799 besiegte er sie in mehreren Schlachten in Süddeutschland.

Eine höfliche Frau ist die Urgroßmutter überhaupt gewesen, voller Rücksichten gegen Anwesende und Abwesende, höchlich besorgt, jedermann seinen gebührenden Rang und Titel zu lassen und niemand Anstoß oder Ärgernis zu geben. So führte sie, unter äußeren Stürmen und innerem Frieden, einunddreißig Jahre lang ihre zweite Ehe. Die Töchter alle waren, wie sie rühmt, glücklich und ehrenvoll versorgt, die Söhne in Amt und Würden; das Vermögen hatte sich trotz der Kriegslasten und Teuerungen bedeutend vermehrt, und so konnte ihr Mann, als ihn ein schneller Tod abrief, beruhigt über seine irdischen Angelegenheiten die Augen schließen. Die Urgroßmutter zog nun zu ihrer ältesten Tochter nach Ludwigsburg und lebte hier im Herzen des Landes, der verehrte Mittelpunkt, um den sich Kinder und Enkel sammelten, der Kinder höchste Autorität in allen zeitlichen und geistigen Angelegenheiten.

In ihr selbst regte sich immer lebendiger das Heimweh nach *der* Heimat, die da alles neu macht. Wie es oft bei alten Leuten zu gehen pflegt, wandte sie sich jetzt mit besonderer Sehnsucht zu den Lieblingsstellen ihrer Vergangenheit zurück. Das war vor allem ihr Hohenentringen. Und nun ich ihr Bild gegeben, so gut ich vermocht, wird es keine Entweihung sein, wenn ich ihre eigenen Worte wiederhole, in denen sie in ihrer schlichten Weise ihr Verlangen nach diesem stillen Aufenthalt ausspricht:

»Wie erfreulich wäre es vor mich gewesen, wenn ich mein liebes Entringen noch einmal hätte sehen können. Leider ist es zu spät, ich bin zu kraftlos. Es war mein liebster Aufenthalt in meinem Leben. Es war der Ort, wo ich allein ungestört die Güte und Allmacht Gottes am besten bewundern konnte. Wie vergnügt war ich in der Ernte, wann ich mit der Sonnen Aufgang bei meinen Schnittern war und sahe den Segen Gottes. Aber wie traurig war es anzusehen, als die schönen Felder so arg von dem vielen Gewild verwüstet worden sind. Der Fürst, der ein Vater seiner Unterthanen sein sollte, nimmt ihnen das Brot von dem Munde hinweg.

Wir hätten zu selbiger Zeit nicht so teure Zeit bekommen, wann der Fürst sich als einen Vater gezeigt. Nähmen doch alle Fürsten ein Exempel daran!
Wie freute es mich, wenn ich bei hellem Mondschein auf den Feldern und Dörfern so eine Stille sah, da fühlte ich den Wert des Gesanges: ›Nun ruhen alle Wälder.‹ Bei Tag so viel Rennen, Laufen und Schaffen, bei Nacht lauter Stille. In meinem Bett hörte ich den Wächter im Dorf den Tag anschreien mit den Worten: ›Wach auf, o Mensch, vom Sündenschlaf, ermuntere dich, verlornes Schaf!‹ Diese Worte rührten mich sehr.
Tausend, tausend Dank dem heiligen, dreieinigen Gott, der mir in so viel Trübsal beigestanden, aus so vieler Gefahr errettet und mir mehr Gutes gethan, als ich aussprechen kann. Dort, in jener Welt, will ich's nachholen. Herr, ich bin viel zu gering aller Barmherzigkeit und Treue, die du an mir gethan hast!«
Das waren die letzten Worte ihrer Feder.
Man findet manchmal, daß ein großes Familienfest, eine besondere Freudenfeier der Wendepunkt eines Glückes oder das Ziel eines Lebens wird. Es macht dies manche ängstlich und scheu vor solchen Festen, aber mit Unrecht. Wenn die Sonne untergehen muß, warum soll sie nicht noch einmal zuvor recht hell scheinen, ehe sie scheidet?
So ein heller Sonnenschein vor dem Untergang war der achtzigste Geburtstag der Urgroßmutter. Kinder, Enkel und Urenkel kamen mit Liedern und Gaben. Die liebste unter allen war ihr ein schönes Bild von ihrem lieben Hohenentringen; darauf ließ sie die alten Augen ausruhen, und indem sie dem Kreis der Ihrigen all ihre liebsten Geschichten aus der Vergangenheit erzählte, lebte sie ihr ganzes Leben in seinen Lichtpunkten noch einmal durch.
Das blieb ihre letzte Geburtstagsfeier auf Erden. Nicht lange stand es an, so folgte ihr der ganze damals so fröhliche Zug nach ihrer letzten Ruhestatt, und ein seligeres Geburtsfest hat ihrer wohl droben gewartet.

Ein Stadtschreiber

Das war eine gloriose Zeit, als der Herr Döte [Pate] Stadtschreiber noch regierte. Seit die Stadtschreibereien eingegangen sind, ist kein glanzvolles Haus mehr im Städtchen zu finden. Jetzt gibt es Gerichtsnotare und Amtsnotare, Stadtschultheißen und Ratschreiber, Verwaltungsaktuare und Pfandkommissäre, die allesamt Mühe haben, sich nebst Familie des Hungersterbens zu erwehren. Alle diese Ämter waren einst vereinigt unter dem Dach der Stadtschreiberei, alle diese Würden ruhten auf dem Haupte des Herrn Stadtschreibers, und die zahlreichen Schreiber, die sich in die Geschäfte teilten, waren nur Glieder im Dienste dieses ehrwürdigen Hauptes.

Die Stadtschreiberei war kein modernes Haus; es versprach nicht viel von außen, aber von innen waren die Räume bequem und stattlich. Vorn heraus auf die Straße lag das Wohnzimmer, in dem gespeist wurde und wo sich die Familie den Tag über aufhielt, um am Fenster bequem beobachten zu können, was alles im Städtchen aus und ein ging. Die Schreibstube hatte nur die Aussicht auf benachbarte Winkel und Höfe, damit das Dienstpersonal nicht im Geschäft gestört würde. Auf ein eigenes Arbeitszimmer wagte keiner der Substituten und Schreiber Anspruch zu machen; sogar der Herr Prinzipal hatte in der allgemeinen Schreibstube nur einen besonderen umzäunten Platz, wo ein bequem gepolsterter Lehnstuhl stand, den er des Tags eine bis zwei Stunden lang zu besetzen geruhte.

Das Wohnzimmer war bequem, aber durchaus nicht elegant möbliert. Ein gepolstertes Sofa mit geschnörkelten Füßen, hochlehnige, weich gepolsterte Sessel, nach denen sich manchmal sehnsüchtig die Blicke der jüngeren Schreiber und der Incipienten richteten, die mit hölzernen Stühlen vorliebnehmen mußten, eine »Trissur«, auf deren Gipfel blaue Meißner Tassen und rührende Gipsfiguren prangten, eine hohe Kommode mit weitgeschweiftem, inhaltsschwerem Bauche, ein Nähstock, an dem die Frau Stadtschreiberin und ihre Töchter ihr Tagewerk vollbrachten: das bildete die ganze Zimmereinrichtung. Daneben aber war noch ein Staatszimmer, das bei außerordentlichen Gelegenheiten geheizt wurde, und Gastzimmer von der verschiedenartigsten Größe und Einrichtung, je nach dem Rang der etwaigen Gäste. Eine Stadtschreiberei war ein gastfreies Haus, das ganze Jahr offen für Verwandte und Freunde, zu welch ersteren nach gut schwäbischem Brauche das halbe Vaterland gehörte. Die unheizbaren Zellen des Schreibereipersonals lagen im oberen Stock und unter dem Dach. Es ging die Sage, des Herrn Amtssubstituten Zimmer könne geheizt werden, seit Menschengedenken hatte aber keiner von einem solchen Vorrecht Gebrauch gemacht.

Ein Stadtschreiber hatte ein wahrhaft fürstliches Einkommen, was sich denken läßt, da in seine Kasse all die Einkünfte der zahlreichen Ämter und Ämtlein flossen, die jetzt in so viele Kanäle und Bächlein verteilt sind, und da zudem noch das »Schmieren« und Geschenknehmen in jeder Art bei Beamten eine ganz hergebrachte Sache war, die mit einer gewissen Würde betrieben wurde und dem amtlichen Ansehen durchaus keinen Eintrag tat.

Das fürstliche Einkommen teilte denn auch dem Herrn Stadtschreiber eine Art fürstlichen Bewußtseins mit, und kaum wird ein regierendes Haupt in unsern Tagen in seinem Staatsrat mit der Ehrfurcht empfangen, mit welcher die lautlose Schar der Schreiber sich erhob, wenn der Herr Prinzipal geruhte, morgens gegen zehn Uhr seinen Polsterstuhl in der Schreibstube einzunehmen; die meiste Zeit regierte er übrigens unsichtbar wie der Kaiser von China.

Womit der Herr Stadtschreiber seine übrige Zeit ausfüllte, da er mit wissenschaftlichen Forschungen sich nicht anzustrengen pflegte und den Genuß der schönen Literatur seinen

Töchtern überließ, dürfte fast rätselhaft erscheinen; wenn man aber erwägt, wieviel Zeit die Verwaltung seiner Privateinkünfte und der Einzug der Geschenke erforderte, wovon er wenigstens die klingenden selbst in Empfang nahm, während die Frau sich mit Annahme der Zuckerhüte und Kaffeetüten, der Gänse, Hühner und sonstigen Viktualien befaßte, so dürfte man sich nicht mehr wundern. Rechnet man dazu, daß er sich nicht vor acht Uhr aus dem Bett erhob und mindestens eine Stunde brauchte, um seine Morgenpfeife zu rauchen, daß er nach Tisch eine hinreichende Siesta hielt und sodann wieder unter dem Fenster lag, um sein ehrwürdiges Haupt den Vorübergehenden zu zeigen, daß er mit gehöriger Ruhe der Verdauung oblag, die Tagesneuigkeiten anhörte und die Zeitung studierte, so ist das Rätsel vollends gelöst.

Die rechte Übersicht über sämtliches untergebenes Personal konnte man bei Tisch bekommen, wo sich auf den Schall einer Glocke oder auf den Ruf der Hausjungfer alles einfand und nach abgehaltenem Tischgebet und einer Skala von »gesegnete Mahlzeit« in der gehörigen Rangordnung Platz nahm. Zuoberst natürlich thronte der Herr Stadtschreiber, eine stattliche, wohlgenährte Gestalt, zu seiner Rechten die Frau Stadtschreiberin, eine äußerst höfliche, kleine Frau; dann die jeweiligen Gäste, die selten fehlten, und die Töchter des Hauses.

Darauf begann der Reigen der Schreiber mit dem ersten, dem Amtssubstituten, der noch zweier Teller, ja sogar einer Serviette mit perlengesticktem Band gewürdigt war. Es waltete starker Verdacht ob, daß letzteres ein Geschenk der Jungfer Karoline, der zweiten Tochter des Hauses, sei, nach deren Besitz er strebte und Erhörung hoffen durfte, wenn erst Mine, die älteste, ziemlich unschöne Tochter anderweitig versorgt war, denn die Frau Stadtschreiberin war entschieden der Meinung, »man dürfe den Haber nicht vor dem Dinkel schneiden«. Folgte sodann der Substitut, der auch noch zwei Teller, aber keine Serviette mehr hatte; nach diesem die übrigen Schreiber, die in Ermangelung eines Extratitels mit ihren Namen angeredet wurden, und zuunterst auf einem ordinären Küchenstuhl der Incipient, der allezeit zu etwaigen Handreichungen bereit sein mußte.

Mehr noch als an Platz und Stühlen war der absteigende Rang an den Weinflaschen zu erkennen, mit denen jedes Gedeck versehen war. Zuoberst vor des Herrn Platze war bloß das geschliffene Glas; die Flaschen mit auserlesenen Weinen, mit denen er sich und die Gäste bediente, standen etwas im Hintergrund, damit nicht so leicht bemerkt werden könne, was und wieviel der Herr Prinzipal zu sich zu nehmen beliebte. Der Herr Amtssubstitut sowie der Substitut waren noch je mit einer Flasche roten Tischweins versehen, sodann kam eine Stufenleiter immer kleinerer Bouteillen von immer zweifelhafterer schillernder Farbe und säuerlicherem Geruch, bis sich die Reihe beim Incipienten mit einem halben Schöppchen Apfelmost schloß.

Während des Essens wagte selten einer des unteren Personals den Mund zu öffnen, außer zu einer Antwort. Nur die beiden Substituten führten mit dem Herrn und der Frau vom Hause ein Gespräch über Stadtneuigkeiten, wagten auch hie und da einen Scherz mit den Jungfer Töchtern (von Fräulein wußte man noch nichts) und mit den Gästen, die sehr häufig aus jungen Damen bestanden. Nachdem Suppe, Fleisch und Gemüse abgetragen waren, erhob sich der Amtssubstitut mit gefülltem Glase: »Herr Stadtschreiber, ich habe die Ehre, auf Ihre Gesundheit zu trinken.« Mit gnädiger Verbeugung antwortete das gebietende Haupt: »Ich danke Ihnen, Herr Amtssubstitut, wünsche gleichfalls.« Dann begann der Substitut den gleichen Spruch und erhielt die Antwort: »Ich danke, Herr Substitut.« Wie ein Echo klang sofort der Spruch aus einem Munde nach dem andern. Die Schreiber wurden mit einem: »Danke, Herr Beutemüller, Herr Maier« und so weiter abgefertigt; der Incipient mit seinem Mostglas erhielt noch ein: »Ist recht«, ohne weitere Zutat. Danach trat das Corps den Rückzug an, wenn nicht

etwa noch der Amtssubstitut einer besonderen Einladung dazubleiben gewürdigt wurde.
Während die Schreiber in der Amtsstube sich mit allerlei Witzen und lautem Geplauder für das lange Schweigen entschädigten, wurden auf der Stadtschreiberstafel erst noch Extraleckerbissen aufgetragen: Krebse, Braten, süße Speisen und Nachtisch. Trotz der streng eingehaltenen Hausordnung und der Flaschen in absteigender Linie durfte aber gewiß niemand im Hause Mangel leiden. In der Stadtschreiberei war vollauf das ganze Jahr. Die Frau Stadtschreiberin setzte ihres Herzens Stolz nicht wie eine Dame heutzutage in einen offenen Schreibtisch mit eleganten Albums, welche die Herzen der Besucher mit geheimem Schreck erfüllen, weil sie diese mit einem erzwungenen poetischen oder teuer erkauften künstlerischen Beitrag bereichern müssen, auch nicht in eine Etagere mit zierlichen Kleinigkeiten, wohl aber in eine reichgefüllte Speisekammer, deren Anblick jedwedes Herz erfreuen mußte. Da hingen Schinken, Speckseiten, Würste und geräuchertes Fleisch jeder Größe und Gestalt, umher standen Schmalzhäfen von kolossalen Dimensionen, Butterballen und Eier in ungezählter Menge, alles in geeigneten Gefäßen. Daher ist in den alten Häusern noch solche Rücksicht auf den Umfang der Küche und Speisekammer genommen, während in unsern Tagen eine Küche von drei Schritten Länge und ein Speisekasten genügen müssen für eine Wohnung, die Salone, Speise-, Musik- und Besuchszimmer in Menge zählt.
An einzelnen Tagen wurden wohl auch die Schranken des Standesunterschiedes etwas beiseite geschoben. Auf Bällen zum Beispiel durfte jedweder der Schreiber auf einen Walzer, Ekossaise oder Menuett mit einer Tochter des Hauses Anspruch machen. Solche Attention wurde sogar erwartet, nur mußte auch in der gebührenden Ordnung engagiert werden, also daß eines der titellosen Subjekte niemals wagen durfte, vor dem Herrn Amtssubstituten sich zu melden.
Eines der schönsten häuslichen Feste war aber die alljähr-

liche Metzelsuppe, die winters abgehalten wurde. Um den Genuß des Festes zu erhöhen, durfte fast das ganze Personal der Schreiber tätigen Anteil an der vorhergehenden Arbeit nehmen, mit Speckschneiden und dergleichen, welche Mühe aber durch die Anwesenheit und Mithilfe der Töchter und weiblichen Gäste versüßt wurde, mit denen bei dieser Gelegenheit auch den Subjekten, dem Herrn Beutemüller usw., ein Spaß erlaubt war. Der Incipient durfte sich noch persönlicher beim Geschäft beteiligen, indem er das Schüsselchen zum Blut unterhielt und dem Metzger durchgängig hilfreiche Hand leistete. Dafür aber wurde schon den Tag über Kesselfleisch in reichlichen Portionen verteilt und abends die Metzelsuppe mit größter Heiterkeit verspeist, bei welcher Gelegenheit auch die feierliche Würde des Herrn Prinzipals in gemütlichem Humor unterging. Ganz war freilich der Standesunterschied nicht aufgehoben: die Würste des unteren Personals zeigten mehr und mehr eine Armut an Speck, die bloß durch reichliches Gewürz ergänzt war. Die Flaschen dagegen, mit Ausnahme der des gebietenden Herrn, waren von gleichem Inhalt und nicht gemessen oder gezählt, so daß sämtliche Gesellschaft höchst befriedigt das Mahl verließ.

Nicht minder festlich wurde der Herbst in dem Weinberge des Herrn Stadtschreibers abgehalten, der mit einem äußerst geschmackvollen Gartenhaus geziert war. Außer dem Hauspersonal und den zahlreichen Gästen nahm sämtliche Honoratiorenschaft des Städtchens an der Festivität Anteil. Die Schreiber versahen sich je nach Maßgabe ihrer baren Mittel mit Pulver und Feuerwerk; die Herren Substituten brachten sogar Raketen und Feuerräder auf den Platz, welch letztere jedoch jedesmal verunglückten, obwohl der Stadtknecht (der Amtsdiener des Stadtschreibers) und der Incipient mit Stökken dazugestellt wurden, um die Widerspenstigen zu treiben.

Nach einer äußerst reichlichen Bewirtung, bei der die Trauben, die köstlichen Gaben des Herbstes, nur Nebensache waren, kam der Abend, an dem sich die zunehmende Heiterkeit durch Schießen und Feuerwerk Luft machte, bis ein glorreicher Rückzug mit Fackeln erfolgte. Oft durfte der Jubel sogar noch mit einem Tanz im großen Zimmer der Stadtschreiberei beschlossen werden, wo ein etwas heiseres Klavier stand, auf dem Jungfer Mine mit großem Applaus eine Ekossaise und zweierlei Walzer spielte, bis sie selbst vom galanten Substituten engagiert wurde, der nach der Maultrommel des Herrn Maier, wozu Herr Nüßeler den Takt trat, einen Hopswalzer mühselig mit ihr vollendete.

Noch glorreicher entfaltete sich das Personal der Stadtschreiberei während der Schlittenfahrten, die vom ersten befahrbaren Schnee an arrangiert wurden. Der Herr Stadtschreiber mit seiner Frau Liebsten fuhr mit stattlichem Gespann in einem grün und rot bemalten Schlitten voraus. Sämtliche Schreiber teilten sich in die Ehre, die Töchter, Nichten und Bäschen der Familie fahren zu dürfen, welche sich freilich meist auf »Reibern« behelfen mußten. Nur der Amtssubstitut führte Jungfer Karoline im Triumph in dem glücklich erbeuteten Schlitten des Müllers, der die Gestalt einer Tulipane hatte und vorne mit einer Meerfrau geschmückt war. Der klingende Zug, in dessen Nachtrab aus Mangel eines Rollgeschirrs auch Kuhglocken ertönten, fuhr sodann auf einen benachbarten Hof, wo die Zeit mit Tanz und Spiel bis tief in die Nacht hinein verjubelt wurde und bei der fröhlichen Heimfahrt im Dunkel der Nacht manch schüchterner, bis dahin versiegelter Schreibermund sich öffnete und sogar wagte, die Einziehung des Schlittenrechts zu versuchen.

Wie schön aber ist vollends die letzte und glänzendste Festlichkeit in der Stadtschreiberei ausgefallen, als der galante Substitut, der durch die Verwendung des Stadtschreibers eine Extraprobatorstelle erhalten, sich entschloß, um die Hand der gereiften Jungfer Mine zu werben, somit auch die stillen Wünsche des Amtssubstituten laut werden durften, der mit der Hand seiner Karoline die Aussicht auf Amtsnachfolge erhielt, und nun diese erfreuliche Doppelverlobung gefeiert wurde! Die nähere Beschreibung des Festmahls bei dieser Veranlassung ist in unsern Zeiten fast unmöglich geworden, wo für eine bürgerliche Küche das Kochbuch einer Frau Stadtschreiberin zu den Schimären gehört.

Gut aber war es, daß die Jungfern Töchter noch in den Glanzzeiten des Hauses versorgt wurden, denn die Hinterlassenschaft zeigte sich, wie schon häufig der Fall war, viel geringer als die Welt vermutet hatte, da selbst ein fürstliches Einkommen zur Bestreitung des enormen Aufwandes nicht immer hinreichen wollte.

Nun ist all diese Herrlichkeit fast spurlos untergegangen. Vergebens suchen wir in großen und kleinen Städten nach einem so gastlichen Hause, wie einst die Stadtschreiberei war, nach einem ähnlichen Verhältnis zwischen Prinzipal und Untergebenen, das neben aller steifen Förmlichkeit doch wieder etwas Patriarchalisches hatte. Der nivellierende Geist der Zeit duldet keine so erhabenen Häupter mehr, und obschon das Institut der Stadtschreibereien noch keiner grauen Vergangenheit angehört, so klingt es doch schon wie altehrwürdige Überlieferung: »Er hat einen Hochmut wie ein Stadtschreiber.«

Die Jammerbase

Es ist eine uralte Tradition, die bis auf den heutigen Tag auf Treu und Glauben hin angenommen wird, daß nur der Glückliche Freunde habe, der Unglückliche aber freundlos und verlassen sei. Wer das Leben näher ansieht, wird jedoch oft das Gegenteil finden. Mancher hat erst im Unglück erfahren, wie viele gute Freunde er hatte; viele, die wir in ihren guten Tagen unbeachtet dahinziehen ließen, werden uns erst wichtig und interessant, wenn ein unerwartetes Leid über sie hereingebrochen ist – ist der Jammer vorüber, so läßt man sie getrost ihres Weges ziehen. Diese Sympathie fürs Unglück erstreckt sich ja bis auf den Verbrecher, der auf dem Schafott stirbt.

Eigentümlich scheint mir freilich hierbei, daß man Trost und Liebe, Tränen und Mitgefühl, ja auch aufopfernde Dienste mit Nachtwachen, Krankenpflegen etc. viel leichter bei seinem Nebenmenschen findet, wenn man dessen bedarf, als – Geld, das schnöde Geld, diese Hand voller Sand. Kommt man auch zu dem gutherzigsten, wirklich wohlwollenden Menschen und sagt, man habe ein Anliegen: sogleich verbreitet sich ein eigentümlich verlegener Zug, ein gewisses Zögern und Ansichhalten auf seinem Gesicht, das immer bedenklicher wird, je näher die Bitte auf Geld zielt, sei es nun eine Anleihe für einen selbst oder andre, eine Bürgschaft oder eine Armenkollekte, worum sich's handelt. Selbst Gaben an Arme, über deren Zweckmäßigeit man im Zweifel ist, die man aber aus lauterer Gutherzigkeit darreicht, gibt man mit einer gewissen Säuerlichkeit oder mit unfreundlichen Ermahnungen, die der Gabe allen Wert nehmen, die würdigen Armen ins Herz schneiden und unwürdige verbittern und schlechter machen.

Ist aber das Anliegen andrer Art, bittet man um Trost oder guten Rat, um Beistand bei einer Arbeit oder Besuch bei einem Kranken, da glättet sich die Miene und die herzlichste Bereitwilligkeit kommt dem Verlangen entgegen.

Und das ist nicht allein der Fall bei Geizigen, bewahre! Auch freigebigen, sorglosen Gemütern wird durch die Last der Zeit dieses philisterhafte Hängen am Geld aufgenötigt, und ich möchte *einen* Menschen sehen, dessen Gesicht sich nicht aufklärt, dessen Ton sich nicht ändert, wenn das Weib mit einem Armkorb, die er für eine Bettlerin gehalten, nun anhebt: »Ich möcht gern einen Zins zahlen.«

Das ist nun einmal so, und ob es anders werden wird, solange die Welt steht, das weiß Gott. Trotz alledem kann man aber nicht mit Grund sagen, daß das Unglück freundlos sei.

Eine solche Freundin des Unglücks, die aber von der schnöden Welt schlechten Dank erfuhr, war Frau Christiane Krauthöferin, zunächst von der Familie, allmählich aber im Kreis ihrer Bekanntschaft schlechtweg die Jammerbase genannt und als solche weit und breit gefürchtet.
Und doch gab es niemand, der nachweisen konnte, daß ihm Frau Krauthöferin jemals etwas zuleide getan – im Gegenteil, es war fast niemand, dem sie nicht schon, sei es auch nur mit ihrer Teilnahme, beigesprungen wäre, weshalb sie auch in ihren jüngeren Tagen der Beisprung genannt worden war. Jetzt hätte diese Bezeichnung zu leichtfüßig geklungen für ihr ehrwürdiges Alter; mit dem Springen ging's nimmer, aber mit dem Beistehen noch allewege.
Solange es jemand wohlging, hatte er gute Ruhe vor der Frau Krauthöferin, er bekam sie dann nicht einmal zu Gesicht. Wer ihr ein glückliches Ereignis anzeigte, eine fröhliche Verlobung, ein gut bestandenes Examen, die glückliche Geburt eines Kindes, der wurde mit einem ziemlich schnöden »so«, oder »ist mir eins« von ihr abgefertigt; sagte ihr aber eine Nachbarin im Vorbeigehen: »Denken Sie, Frau Krauthöfer, 's Müllers Kind ist gestern die Leiter heruntergefallen und hat beide Füß gebrochen und ein Paar Ärm!«, dann dämmerte durch die mitleidige Miene der Frau Krauthöfer ein gewisser Ausdruck der Befriedigung, und sie machte sich ungesäumt auf nach der Mühle, mit Leinwand und Verbandzeug versehen. Obgleich sich nun das Unglück nur als ein einfacher Beinbruch nebst Loch im Kopf darstellte, so blieb doch die Jammerbase getreulich bei der Müllerin, bis die Magd den Kopf zur Tür hereinstreckte: »Wisset Ihr's schon?« – »Was? was?« – »Mit 's Stadtpflegers und 's Accisors hat's Händel geben, jetzt ist d' Brautschaft wieder ausgegangen mit'em Minele und 's Accisors Sohn.« Nun war ihres Bleibens nicht mehr. Nachdem sie der Müllerin noch Vorsicht empfohlen und den herzlichen Wunsch ausgedrückt, daß der Brand nicht dazu komme oder der Hundskrampf, oder daß der Kleine nicht lebenslänglich

ein Krüppel bleibe, eilte sie davon: zuerst zu Accisors, um ihnen ihre Teilnahme zu bezeigen und zu sagen, daß sie von Stadtpflegers immer seien über die Achsel angesehen worden, dann zu Stadtpflegers, wo sie das weinende Minele mit der Versicherung tröstete, daß der Fritz sie von jeher nur um des Geldes willen gewollt habe.

Nach wohlvollbrachtem Tagewerk wollte sie sich eben nach Hause begeben, da begegnete ihr die Frau Kollaboratorin. Diese war eine befreundete Erscheinung für die Jammerbase, wie wir sie der Kürze halber nennen wollen; zwar ging es ihr leidlich wohl, aber sie hatte sieben eigene Kinder und fünfzehn Kostgänger: da gingen die Drangsale nie ganz aus, und Frau Krauthöfer war gewiß, hier fast immer kurzes Futter für ihren Leidenshunger zu finden, wenn es sonst keine großartige Nahrung dafür gab.

»Wie geht's, Frau Kollaborateur?« fragte sie. – »Recht ordentlich, dank der Nachfrag! Aber man ist eben nie ganz fertig; jetzt wäre der Krampfhusten vorbei, nun klagt aber des Amtmanns Fritz von Hausen über Kopfweh.« – »Auch Hitze?« fragte begierig Frau Krauthöfer. – »Das eben nicht, ich denke, es hat nichts auf sich, doch habe ich ihn zur Fürsorge ins Bett gesprochen.« – »Haben Sie schon einen Boten an Amtmanns geschickt?« – »Bewahre, was denken Sie! Wer wird die Leute so erschrecken! Morgen ist der Bub vielleicht wieder wohl.« – »So? Haben Sie nicht gehört, daß in Bezgenried die natürlichen Blattern ausgebrochen sind, und in Stuttgart sei das Scharlachfieber äußerst bösartig. Bei so viel eigenen und fremden Kindern könnte es doch Pflicht sein, den Buben baldmöglichst fortzuschaffen.« – »Er liegt in einem besonderen Stübchen«, sagte die ängstlich werdende Frau, »auch ist ja Bezgenried und Stuttgart noch weit von uns. Ich muß jedenfalls bis morgen warten, will ihm indessen Tee machen.«

Frau Krauthöfer war aber nicht gesonnen zu warten, obgleich der Abend dämmerte. Sie ging in eigener Person in der Stadt umher, bis sie einen Kutscher auftrieb, der sie noch nach Hausen führte; denn selbst Geldopfer scheute sie nicht, wenn es galt, beizuspringen. Amtmanns waren eben im Begriffe, zu Bett zu gehen, als sie noch ein Gefährt anfahren und die Glocke ziehen hörten.

»Was ist's, ums Himmels willen?« fragte die Amtmännin erschreckt. Der Amtmann war inzwischen hinabgegangen und brachte den späten Gast herauf. Beim Anblick der wohlbekannten langen dürren Gestalt war die Amtmännin erst betroffen: »Ach, Sie sind's, Frau Krauthöfer? Wir haben schon lange nimmer 's Vergnügen gehabt.« – »Freilich nicht«, erwiderte diese, »seit dem Unglück mit dem armen Paule, das Ihnen beim Waschen an den Ofen gefallen ist. Ach, ich hab damals wohl gedacht, daß das noch des armen Kindes Tod sein werde, eine solche Verletzung gibt eben leicht etwas Zehrendes.«

Der Amtmann winkte ihr erschrocken mit der Hand, niemand hatte je diese immer noch blutende Wunde bei seiner Frau berührt. »Was verschafft uns denn so spät noch das Vergnügen?« fragte er, um sie zu unterbrechen. – »Ja, ich muß mich recht entschuldigen, aber es ist nur wegen Ihrem Fritz ...« – »Was ist's mit dem?« fragte die tödlich erschrockene Mutter. – »Drum sehen Sie, die natürlichen Blattern sind in der Nähe und auch das bösartigste Scharlachfieber. Nun hat sich Ihr Fritz an Kopfweh und Hitze gelegt, und so fängt's gerade an. Die Kollaboratorin wollte Sie's nicht mehr wissen lassen, ich aber dachte: wozu hat man gute Freunde? und ließ mich's nicht verdrießen, noch selbst zu kommen.« – »Sehr verbunden!« sagte der Amtmann. Da ihm bei näherem Befragen die Sache minder gefährlich schien, so entschied er, daß für den angenehmen Gast ein Bett aufgemacht und auf den nächsten Morgen ein großes Gefährt bestellt werde, um im Notfall den Knaben heimzunehmen. Aber siehe da, wie sie gegen die Schulpforte fuhren, kam ihnen der Fritz mit roten Backen und mit einem kolossalen Stück Brot entgegen, das seine Wiederherstellung unzweifelhaft bestätigte!

Das Amtshaus behielt auf lange hin Ruhe vor der Jammerbase, die dem Fritz seine rasche Genesung nie verzeihen konnte.

Dem Haus der Frau Krauthöfer gegenüber wohnte ein neues Ehepaar, das auch auf die artigste Begrüßung nie eine freundliche Erwiderung von Frau Krauthöfer gewinnen konnte. Wenn ihre Töchter, die Wehvöglein * genannt, weil sie mit etwas piepsender Stimme und schüchterner Weise auch in die Fußstapfen der Mama traten, bemerkten, wie zärtlich der Herr Stein drüben gegen seine Frau sei, so meinte sie, die Herrlichkeit werde nicht lange dauern. Als aber das Paar Tag für Tag mit demselben glücklichen Gesicht dieselbe Allee hinunterspazierte und der Mann mit derselben Umarmung von der jungen Frau Abschied nahm, als er abends, statt ins Wirtshaus zu gehen, mit seiner Frau Duette sang, so schmelzend wie ein junger Liebhaber, da schüttelte sie bedenklich den Kopf: »Da stirbt bald eins! Das tut nie gut, wenn die Leute so übertrieben sind miteinander.«

In einer Nacht bemerkte man unruhiges Hin- und Herlaufen drüben; die Magd sprang fort, kam wieder, ging nochmals aus in die Apotheke. Da kleidete sich Frau Krauthöfer an und hielt sich bereit, Beistand zu leisten, wenn es nötig wäre. Als aber am Morgen die Kunde erscholl: drüben sei ein Töchterlein angekommen, da zog sie sich wieder gänzlich in ihre Höhle zurück. Erst als viele Wochen später die junge Mutter bleich und besorgt mit dem leidenden Kindlein vor dem Haus saß, kam Frau Krauthöfer herbeigestiegen, fand, daß es durch die Glieder zahne und die englische Krankheit bekommen werde, wußte allerlei Mittel dagegen und Vorschläge zu Maschinen, die bei der wahrscheinlichen künftigen Verkrümmung des Kindes nötig werden würden. Sie stand ihr auch, abwechselnd mit den Wehvöglein, getreulich bei in der Pflege des Kindes, bis sich das Übel hob und das Kind erstarkte. Dann waren sie aber durch keine

* Wehvögel wurden in einem Teil Schwabens die Käuzlein genannt.

Einladung zu bewegen, auch die guten Tage mit der Nachbarin zu teilen.
Nicht weit von ihr wohnte eine Witwe, eine weitläufige Base und besonders in Gunst bei ihr, weil ihr eine Tochter als Braut gestorben war und sie kürzlich erst durch einen betrüglichen Verwalter ihr Vermögen verloren hatte. Frau Maler sprach ein bei der Jammerbase und wurde mit der zuvorkommendsten Güte aufgenommen.
»Kommen Sie doch auch zum Ausgehen, arme Frau?« sagte sie im teilnehmendsten Ton. »Ja, es ist am besten, wenn man sein Kreuz ein wenig vergißt. Ist's denn richtig? Alles hin? Der schlechte Mensch! Nanele, mach gleich einen Kaffee für die Frau Base! Mine, hol Brezeln!« flüsterte sie den Töchtern zu.
»Freilich«, seufzte Frau Maler, »ein Glück, daß mir doch meine Pension noch bleibt, so klein sie ist.« – »Jawohl, jawohl, und den schlechten Kerlen, den Wühlern und Aristokraten, wird's doch nicht gelingen, daß man die Pensionen aufhebt! Man sagt freilich stark davon.« – »Ich fürchte doch nicht«, sagte die Witwe, »und denken Sie, es geht doch allemal wieder ein Licht auf!« – Bei Frau Krauthöfer ging keines auf, so anmutig sie auch lächelte.
»Da erhalt ich heut einen Brief von meinen Kindern, meinem Sohn und meiner Schwiegertochter – war mir immer so angst, bis die's erfahren –, so einen schönen Brief! Ich soll mich nur getrösten, sagen sie, der Mensch lebt nicht vom Brot allein ...« – »Ist bald gesagt«, schaltete die Jammerbase ein, »solang der Hunger nicht vor der Tür steht.« – »Und«, fuhr Frau Maler eifriger fort, »sie schreiben: was sie haben, das sei auch mein, Gott habe Segen genug für uns alle; ich solle kommen, sobald ich nur könne, und bei ihnen bleiben. Meine Schwiegertochter habe schon das netteste Gartenstübchen für mich gerichtet, und die kleine Amalie soll bei mir schlafen. Lesen Sie nur selbst den Brief! Wenn ich mit hunderttausend Gulden käme, ich könnte nicht willkommener sein.«

Die Jammerbase schob den Brief zurück, den ihr die glückliche Mutter mit strömenden Freudentränen bot, sagte leise zu Mine, die sich zum Gehen anschickte: »Kannst dableiben, Wecken tun's auch«, und dann wieder zu Frau Maler gewandt: »Ja, da gratuliere ich recht, ist immerhin ein Ausweg, wenn's gleich herb ist, das Gnadenbrot bei Kindern zu essen.« – »Nun, das ist's eben nicht«, versetzte etwas gekränkt Frau Maler. »Die Pension kann ich ihnen als Kostgeld gern überlassen; ich löse noch viel aus meiner Haushaltung, und dann bin ich gottlob noch bei Kräften und kann meiner Tochter im Haus und bei den Kindern guten Beistand leisten.« – »Es ist drum keine Kleinigkeit, sein eigen Wesen ganz aufgeben und sich unter eine Schwiegertochter stellen«, fing die Jammerbase wieder an, »keine Kleinigkeit! Da bewundere ich Sie recht, ich hätte das, glaub ich, nicht können.« – »Ach, davon ist gar keine Rede! Ich habe sie ja immer so lieb gehabt wie mein eigen Kind, und sie ehrt mich wie eine Mutter; da ist bei keinem die Rede von Untergeben, es ist eher noch ein Opfer von ihr.« – »Das sag ich gerade«, sagte Frau Krauthöfer mit großem Nachdruck, »von Ihnen ist's viel, aber von ihr ist's *sehr* viel. Eine Schwieger, Sie nehmen mir's nicht übel« – »gar nicht«, sagte Frau Maler mit säuerlichem Lächeln – »bleibt eben immer die Schwieger«, fuhr die Base fort, »man mag sie noch so lieb haben: je weiter weg, je lieber. Junge Leute wollen einander allein gehören. Ich bin oft mit meinem Mann selig auf den Dachboden gestiegen, wenn wir was hinter meiner Schwieger verhandeln wollten. Dann kann's eine junge Mutter gar nicht ertragen, wenn man in ihre Kinderzucht spricht. Bei den Mägden ist so eine doppelte Herrschaft ganz fatal, und die vielen andern Hausbräuche, die eine junge Frau von daheim mitbringt, das kann keine Schwieger vertragen.« – »Oh, ich kann mich in alles schicken und störe die jungen Leute gewiß nicht«, versicherte Frau Maler, der das Weinen nahe stand, aber nimmer aus Freude. – »*Das* glaub ich«, bestätigte die andere, »Sie sind eine gescheite Frau.

Sie werden schweigen, und wenn es Ihnen das Herz abstößt, das bin ich gewiß, und die Frau Söhnerin ist auch gescheit, die läßt gewiß nichts merken. Deswegen sag ich ja, es ist *sehr* viel von Ihnen beiden.«

Frau Maler konnte kaum den eben aufgetragenen Kaffee hinunterbringen und entfernte sich dann mit schwerem Herzen; sie hatte mehr verloren als ihr Kapital. Frau Krauthöfer hatte es aber »gar nicht böse gemeint, im Gegenteil«.

Die Jammerbase fühlte sich nicht nur von wirklichem Jammer angezogen, sie witterte oft auch Unglück zum voraus, und der Pfarrer zu Glockenheim behauptet noch bis auf den heutigen Tag, der große Brand in seinem Ort wäre gar nicht ausgebrochen, wenn nicht tags zuvor die Jammerbase wegen eines angeblichen Obsteinkaufs im Dorf und auch im Pfarrhaus gewesen wäre. Vor hundert Jahren hätte man ihr am Ende darum einen Hexenprozeß angehängt. Und doch tat man ihr so unrecht, und vom Pfarrer war es besonders schnöder Undank, da sie seinem Haus treulich in jeder Bedrängnis beigestanden war. Sie hatte auch noch einigemal im Pfarrhaus eingesprochen; seit aber des Pfarrers zehn Kinder so lustig davonwuchsen und seit besonders Julchen, »der naseweise Kramp«, mit ihrer unverwüstlichen Lustigkeit gegen die trübselige Miene der Jammerbase zu Felde zog, war sie ziemlich fremd geworden.

Heute saß die Pfarrfamilie vergnüglich beim Kaffee, es war stürmisch Wetter, drum hatte die Mama diesen Luxus gestattet; man sprach von den entfernten Kindern des Hauses, man freute sich der nahen. Der Pfarrer sah nach dem Wetter und fuhr erschrocken vom Fenster zurück. »Was ist's?« fragte die Mutter. – »Die Krauthöferin marschiert aufs Haus zu«, sagte der Pfarrer schreckensbleich, »was wird's aber geben?«

Die Mama ging mit aller Fassung der Gefürchteten entgegen, bedauerte sie wegen des schlimmen Wetters, nötigte sie zum Kaffee und entschuldigte, daß sie keine Wecken oder

Milchbrote im Ort bekommen könne. »Oh, wir haben herrliches Hausbrot«, fiel das unverschämt lustige Julchen ein, »unser Brot schmeckt besser als andrer Leute Gugelhopfe.« – »Jungfer Tochter haben einen glücklichen Geschmack«, meinte Frau Krauthöfer etwas spitzig. – »Das hat sie, Gott sei Dank«, sagte der Pfarrer mit vollem Ernst. »Gott erhalte ihr ihn!«

Frau Krauthöfer trank und die gewitterschwere Wolke hing noch über den Häuptern der Familie. »Haben Sie Nachricht von Ihrer Amalie und Sophie aus der letzten Zeit?« hub sie endlich an. – »Recht gute, gottlob!« sagte die Pfarrerin. »Amalie fühlt sich sehr glücklich in ihrer Stelle, alle Lehrer und Mitlehrerinnen kommen ihr mit Liebe zuvor, der christliche Geist der Anstalt tut ihr so wohl. Auch die Kleine schreibt vergnügt und hat das beste Lob; ein rechtes Glück, daß die zwei Mädchen so beisammen sind.« – »Freilich wohl«, stimmte der unheilvolle Gast zögernd ein, »aber – von wann sind die letzten Briefe?« – »Vom vergangenen Dienstag«, sagte die Pfarrerin beklommen. – »Ja, ist schon so, es kann vor Abend anders werden, als es am Morgen mit uns war«, seufzte der Gast wieder. – »Um Gottes willen, wissen Sie etwas von meinen Kindern?« – »Oh, beruhigen Sie sich! Ist nichts so Schlimmes – nur ist das ganze Töchterinstitut zu Korntal durch zwei Mägde mit der Krätze angesteckt worden. Da nun Ihre Töchter in den nächsten Tagen krank nach Hause kommen werden, wollte ich meine Mine zur Pflege anbieten; sie versteht die Kur mit der grünen Salbe und fürchtet die Ansteckung nicht. In einem Pfarrhaus muß man doch doppelt vorsichtig sein wegen der Gemeinde.«

Die Pfarrerin war so alteriert, daß sie kaum imstande war, für dies großmütige Anerbieten zu danken. Die Krätze in ihr Haus, das ein Muster der Ordnung und Reinlichkeit war, und ihre blühenden Mädchen! Dem boshaften Julchen fiel ein, wie der lästige Gast bald zu entfernen wäre. »Wissen Sie denn schon, Frau Krauthöfer«, fing sie ernsthaft an, »daß

das Schiff untergegangen ist, mit dem Schulmeisters Martin fortging?« – »Was, ist's möglich?« – »Freilich, an der englischen Küste.« – »Wissen's die Eltern schon?« – »Das weiß ich nicht, ich bin noch nicht hinüber gekommen.«
Da packte Frau Krauthöfer auf, wickelte sich in ihren braungrauen Schal, ergriff den ehrwürdigen Regenschirm von Kanevas und empfahl sich. Julchen wollte sich kranklachen, als sie fort war. »Die hab ich glücklich fortgebracht!« rief sie triumphierend. – »Und du kannst noch lachen!« sagte die Pfarrerin vorwurfsvoll. – »Ich glaub's noch nicht mit der Krätze«, behauptete Julchen, »der alte Wehvogel krächzt oft zum voraus.« – »Und schickst sie Schulmeisters, daß die auch noch in Jammer kommen!« – »Der Schulmeister hat ja schon einen Brief von seinem Martin, in dem er ihm schreibt, daß er glücklich durchgekommen ist und gar nichts verloren hat. Das wird sie ärgern!«
Die Pfarrerin war doch nicht ruhig, sie wollte gleich selbst hinreisen und ihre armen Kinder holen; der Pfarrer aber beschwichtigte sie mit einem Expreßboten, den er absandte. Der brachte Nachricht von Amalie, daß allerdings eine Magd von daheim mit der schlimmen Krankheit gekommen sei, man habe es aber sogleich entdeckt und sie zu guter Zeit ohne Gefahr für das Institut entfernt.
Frau Krauthöfer kam nicht so schnell wieder ins Pfarrhaus, zumal da Julchen die Unverschämtheit so weit trieb, die glückliche Braut eines reichen Gutsbesitzers zu werden und ihr eine Brautvisite zu machen.

Absichtlich gelogen hat übrigens Frau Krauthöfer nie – sie glaubte selbst vollkommen alles Unheil, das sie verkündete, aber sie glaubte es so gern. War sie ein schadenfroher Dämon, der sich weidete an dem Jammer der Menschheit? Ach nein, ihre Teilnahme war aufrichtig und ihr Beistand oft mit wirklicher Aufopferung geleistet. Sie hatte ein von Natur wohlwollendes Gemüt, aber kein zufriedenes. Sie war nie unglücklich gewesen, aber auch nie glücklich. Es war ihr nirgends recht nach Wunsch gegangen: sie wäre gern schön gewesen und war auch nicht häßlich, aber entsetzliche Sommersprossen verderbten ihr Gesicht; sie wäre gern eine angesehene Frau geworden, und sie bekam ein braves, aber unbedeutendes Männchen, das weder sich noch sie zur Geltung bringen konnte; sie wäre gern reich geworden, so aber hatte sie eben, soviel sie bedurfte. Ihre Töchter waren gute Mädchen, aber höchst unscheinbare, sie sahen nur wie ein Unterfutter aus, nicht wie ein Überzug, und die Mutter konnte nicht hoffen, sie je wo anders als am heimischen Nähtisch sitzen zu sehen.

So kam es, daß sie das Glück andrer erbitterte; beim Unglück des Nächsten aber, das ihren Neid nicht weckte, zeigte sich ihre natürliche Gutmütigkeit, die sonst unter Neid und Ungenügen erstickt war. Das ist, glaube ich, der einfache Schlüssel zu dem anscheinend rätselhaften Wesen der Jammerbase. Die Wehvöglein waren arme, schüchterne Kinder, die eben nachpiepten, was die Mama vorkrächzte. Und nun zum Schluß noch *ein* Exempel, wo, wie in der echten Tragödie, ihre eigenste Persönlichkeit ihr eigenes Mißgeschick hervorrief.

Etwa zwei Stunden vom Wohnsitz der Frau Krauthöfer, in einem ansehnlichen Marktflecken, wohnte ein Vetter von ihr, ein Barbier, dem sie früher in allerlei Krankheits- und Unglücksfällen gute Dienste geleistet hatte. Seit er aber in Ruhe und Stille bei hinreichendem Auskommen mit seinem einzigen Töchterlein hinlebte, hatten sie einander lange nicht mehr gesehen.

Und nun eben war eine Fülle von Glück und Seligkeit in des Barbiers bescheidene Wohnung eingezogen, die ein ganzes Regiment Jammerbasen hätte verscheuchen können. Marie, das Töchterlein, war Braut geworden, und natürlich eine so glückliche, wie keine vor ihr und mutmaßlich nach ihr, solange die Welt steht, obschon sie ihr Glück nicht in Versen aussprechen und nicht »in Tönen zeigen« konnte.

Es war ein sehr einfacher Roman, der auf diesen Gipfel irdischer Glückseligkeit geführt hatte.
Gegenüber dem Häuschen des Barbiers stand die Wohnung des Amtsnotars, und Herr Lang war nicht der erste seiner Schreiber, der unter dem Federnschneiden am Fenster nach der hübschen Marie hinüberschaute. Aber er war der erste, der sich eines Gegenblicks aus ihren blauen Augen zu rühmen hatte, denn Marie war ein stilles, sittsames Kind und ein gar fleißiges, das sich nicht Zeit nahm zu Seitenblicken und das einen unbestimmten Horror vor Schreibern im allgemeinen hatte. Warum ihr der Lang von Anfang an so ganz anders vorkam als die andern, das wußte sie selbst nicht, aber sie konnte seinen schüchternen Anreden eine freundliche Antwort nicht versagen, wenn er ihr je und je begegnete. Lang hatte viele Zweifel und Kämpfe mit sich zu bestehen, seit die blauen Sterne drüben an seinem Himmel aufgegangen waren, unter anderm die brennende Frage: sollte er seinen hoffnungsvoll sprossenden Bart künftig selbst rasieren oder Herrn Krauthöfer anvertrauen? Das letztere war eine Veranlassung, ins Haus zu kommen, sich bekannt zu machen, vielleicht auch in dieser passiven Rolle den Vater zu gewinnen, der in ehrenwertem Bürgerstolz sich dem Herrenstande mehr abwandte als aufdrängte. Aber es widerstrebte seinem Zartgefühl, von dem Vater seiner Geliebten eine solch persönliche Dienstleistung anzunehmen. Das Zartgefühl siegte, und er beschränkte sich auf die seltenen Gelegenheiten, Marie in ihrem Hausgärtchen oder auf der Straße zu sehen.
Mehr als einen Gruß wagte er kaum. Er war ein redliches Gemüt und hätte es für vermessen gehalten, als armer Schreiber ohne Aussicht Marie irgendwie zu binden. Daß aber so ein Kleinod lange zuvor entführt werde, ehe er in etwa zehn Jahren mögliche Aussicht auf ein Amtsnotariat habe, das schien ihm ausgemacht: so entsagte er denn mit blutendem Herzen. Marie aber fand es ganz natürlich, daß so ein schöner und gebildeter Mensch nicht im Ernst an die arme Bar-

bierstochter denke, und so sahen sie sich an, er hüben und sie drüben, wie die zwei Königskinder,

> Die hatten einander so lieb,
> Sie konnten zusammen nicht kommen,
> Das Wasser war gar zu tief.

Da starb der Schultheiß des Nachbardorfs, und die Gemeinde, welche Lang wegen seines freundlichen, redlichen Wesens liebgewonnen hatte, trug ihm die Stelle freiwillig an.
Es war an Benedikt, Marie war im Hausgärtchen und steckte Zwiebeln nach der alten Regel: »Benedikt macht Zwiebel dick.« Da hörte sie die Gartentür aufklinken, sie wandte den Kopf ein wenig, da stand der Lang! So keck war er doch nie gewesen, ins Gärtchen hereinzukommen, wo die ganze Nachbarschaft hereinsehen konnte, am glockenhellen Nachmittag. Sie wurde glühend rot und bückte sich tiefer und steckte und steckte Zwiebeln in die Kreuz und die Quer, und auf den: »Guten Tag, Jungfer Marie!«, den ihr Lang wünschte, erwiderte sie kaum hörbar: »'fehl mich, Herr Substitut!« Der arme Lang wußte nicht, in welcher Weise er sein überfließendes Herz offerieren sollte, und begann wieder: »Das ist doch ein zu schönes Gärtchen, kein Wunder, wenn Sie gern hier sind!« – »Wüßte nicht, wo ich sonst sein könnte!« sagte Marie, noch mehr verlegen, immer noch vom Boden auf, immer noch Zwiebeln steckend. – »Tät's Ihnen auch in Weißlesburg gefallen?« platzte endlich der Lang heraus. Die Frage war gar zu apropos; Marie richtete sich auf und sah ihn verwundert an: »Warum gerade da?« – »Weil ich Schultheiß drüben geworden bin und weil ich Sie so gern habe.«
Wie nun Marie sich in dies Übermaß von Glück finden lernte, wie das errötende Pärchen den Papa überraschte, wie Marie ihre Seligkeit in Tränen ausströmte, wie der selige Bräutigam zum erstenmal ihre Hand faßte und ihren Mund suchte – das alles ist noch niemals dagewesen und nagelneu, weshalb die nähere Ausmalung jedweder einzelnen Phantasie überlassen bleiben muß.

Der Papa Barbier war äußerst bedenklicher Natur und nicht umsonst ein Vetter der Jammerbase, aber all seine Bedenken wurden siegreich überwunden, und nach dem Brautpaar war er gewiß der glücklichste Mensch weit in der Runde.
Jetzt ließ er sich's erst nicht nehmen, seinen Herrn Tochtermann selbst zu rasieren, wie dieser sich auch wehren mochte. »Dienet einander ein jeglicher mit der Gabe, die er empfangen hat«, sagte er, »ich schäm mich nicht an meinem Schermesser, das mir mein ehrlich Brot erworben, und meine Tochter soll's auch nicht, selbst wenn sie Regierungsrätin würde. Das Rasieren versteh *ich*; brauch ich einmal eine Schrift, so dienen *Sie* mir.«

Benedikt war lange vorüber, Pankraz und Servaz hatten keinen Frost über die Blüten gebracht; das Gärtchen vor dem Fenster stand in schönstem Flor, nur die Zwiebeln hatten nicht aufgehen wollen, weil sie Marie damals alle verkehrt gesteckt. Es kam dem Papa fast als ein schlimmes Omen vor.
Marie hatte eben den Bräutigam begleitet, der aufs Amt hinausging, und setzte sich in ihrem Stübchen zurecht, um ihre anziehende Arbeit vorzunehmen – das Brautkleid. Es war ein nettes Stübchen, wohl wert, eine Braut und ihr Glück zu beherbergen. Nebenan, da war die Prosa, die große säuberliche Barbierstube mit Handfaß und Servietten, Schröpfköpfen und allerlei andern Gewerbsattributen nebst dem Lehrling. Da innen, da waren Reseda und Geranien vor dem hellen Fenster, das aufs Gärtchen hinausging, ein Stieglitz sang seine fröhlichen Weisen, am Fenster stand Maries höchst einfaches Nähtischchen; da konnte sie zwischen dem großen Birnbaum durch das Fenster gegenüber blicken, wo der Liebste jetzt noch mehr zu tun hatte, als Federn zu schneiden. Im Hintergrund stand ein altes Kanapee und davor ein eichener Tisch, mit rotgewürfeltem Teppich bedeckt; da ruhte der Papa aus von den Mühen seines Berufs, da wurde auch hie und da ein bescheidener Fest-

schmaus mit dem Bräutigam gehalten oder eine Freundin empfangen.
Marie saß und nähte. Wie die Nadel flog unter ihren Fingern, so flogen ihre Gedanken zu dem Liebsten, in die künftige Heimat, die sie so nett ausschmücken wollte, und sie sang halblaut dazu: »Wir winden dir den Jungfernkranz ...«
Sie erhob zufällig die Augen nach der Straße, wenngleich *er* unmöglich schon kommen konnte, da – fuhr sie schrekkensbleich zurück. Welches Gorgonenhaupt hatte sie erblickt? Ja, es war richtig, da schritt sie lang und trübselig wie ein Regentag im Sommer, im braunen Kleid, im graubraunen Schal mit dem Regenschirm von Kanevas, ein langer Gedankenstrich hinter jedem freudigen Ausruf – es war die Jammerbase. Nur allzuwohl kannte Marie ihre traurige Bedeutung und ihren Einfluß auf die ängstliche, bedenkliche Natur des Vaters, als daß sie nicht hätte erschrecken sollen. Schon war sie draußen eingetreten, schon begrüßte sie den Vater mit ihrer dürren Stimme. Marie konnte ihr kaum bis zur Tür entgegengehen, sie hatte nicht die unbefangene Keckheit des Pfarrjulchens, ihr Glück drückte sie schon wie eine Schuld, seit sie nur die Base sah.
Nun, die Base etablierte sich, ward zunächst mit selbsterzeugtem Apfelmost bewirtet, und zitternd wie ein Strafurteil erwartete Marie ihre Gratulation. Der Vater, der merkte nichts, er sah in der Frau Base gar nichts als eine rechtschaffene Frau, die ihrem Nebenmenschen in allen Notfällen beisteht, und wiederholte ihr sehr vergnügt die ganze Brautgeschichte, die er ihr schriftlich schon mitgeteilt. »So hat sich denn alles ganz glücklich gefügt«, schloß er.
»Ja, Sie sind eben ein guter Vater«, sagte die Base, »der seinem einzigen Kinde nichts abschlagen kann. Weiß wohl, was tut man nicht den Kindern zulieb! Ließ sich freilich bei der gefährlichen Nachbarschaft voraussehen, daß es noch einmal so kommen werde. Nun Glück zu! Mein Vater selig, der war da eigen, der hätte so was nie gelitten. ›Ein Schreiber, daß Gott walt'!‹ pflegte er immer zu sagen.« – »Nun ja,

aber in dem Fall«, meinte der Vater, »da ist's doch anders. Das Schulzenamt trägt mit Nebenämtlein seine acht-, neunhundert Gulden, und meine Marie hat meinen Haushalt mit weniger als der Hälfte geführt.« – »Gewiß, gewiß«, stimmte die Frau Base bei, »nur hat wirklich eben nichts Bestand, so ein Schultheiß ist wie ein Vogel auf dem Zweig. Es soll gegenwärtig ein Regierungskommissär im Land herumreisen und die Gemeindeordnungen aufheben, da kann mancher trocken zu sitzen kommen.« – »Meinen Sie?« fragte erschrocken der Vater, »das kann doch noch nicht so nah sein, und gute Schreiber braucht man allemal wieder.« – »Das war auch nicht mein hauptsächlichstes Bedenken bei der Sache. Aber kennen Sie denn die Familie Ihres zukünftigen Tochtermanns?« – »Noch nicht persönlich. Sein Vater ist herrschaftlicher Gutsverwalter, der älteste Bruder erbt die Stelle, es sollen brave Leute sein.« – »Aber der Großvater?« – »Der lebt auch noch, er war Posthalter in P. und ist jetzt pensioniert. Wissen Sie was von ihm?« – »Er trinkt«, sagte die Base mit vielsagendem Ton. – »Nun ja, das gewöhnt sich leicht an bei einer Wirtschaft, der Vater ist dafür sehr brav.« – »Jawohl, aber so ein Laster vererbt sich immer in der zweiten Linie, davon weiß ich eine Menge Beispiele in der eigenen Familie.« – »Oh, mein Paul und trinken!« rief Marie jetzt zum erstenmal, tief empört. – »Ja, das fängt sich meist in mittleren Jahren erst an«, versicherte die Base, »und dann sind Drüsen in der Familie. Ein Vetter von ihm hat einen Kropf, mit Respekt zu melden, so groß wie ein Unterbett, und seine Mutter ist an Drüsen im Leib gestorben.« – »Drüsen sind freilich erblich«, meinte der Vater, wirklich bedenklich. Marie saß da wie ein Schlachtopfer und wagte kein Wort. Die ersten Angriffe hatten sie wenig bekümmert, aber der letzte! Sie kannte ihres Vaters Ängstlichkeit, er war so ein Stückchen von einem Doktor und führte alle Leiden der Welt auf anererbten Krankheitsstoff zurück – sie gab schon alles verloren.

»Aber, Marie, wie sitzest du da!« sagte der Vater, der über

diesen besorglichen Punkt gern die Base allein gesprochen hätte, »hast noch nicht einmal an einen Kaffee für die Frau Base gedacht, spute dich doch!« Marie ging, ganz betäubt, sie wußte kaum, was sie tat. Draußen hatte sie keinen gerösteten Kaffee mehr, sie schickte den Lehrling zur Krämerin, die ihn auch schon gemahlen verkaufte. Das Feuer wollte nicht brennen, der Satz nicht sieden, und als er endlich kochte, da wußte sie nimmer, wohin der Lehrling die Tüte gelegt hatte; endlich fand sie diese im Zimmer, sie nahm all das Kaffeepulver, sie wollte den Kaffee recht gut und stark machen, obgleich sie nicht hoffen durfte, die Feindin ihres Glücks noch zu gewinnen. Ja, wenn die Base in offener Feindschaft aufgetreten wäre, da hätte sie wie eine Löwin kämpfen wollen um ihr Glück! Aber die versicherte ja immer, daß sie es so gut meine, war ganz voll Teilnahme, und der arglose Vater ließ sich ganz und gar einnehmen.
Unter schweren Seufzern ward der Kaffee endlich fertig, mit niedergeschlagenen Augen trug ihn Marie ins Zimmer und schenkte ein. Der Vater trank nie Kaffee, Marie war das Herz viel zu schwer, als daß sie einen Bissen hätte genießen können; sie sah, wie ernsthaft und nachdenklich der Vater dasaß. Die Base aber hatte sich heiser gesprochen und war gierig auf den Kaffee; sie nahm einen reichlichen Zug, setzte ab, nahm noch etwas Zucker, noch etwas Rahm, probierte wieder, tunkte ein, endlich rief sie mit Abscheu: »Was ist das für ein garstiges Gebräu! Ich glaube, man will mich vergiften – ja, ja, keins von euch trinkt!« Erschrocken fuhren Vater und Tochter auf. Der Vater versuchte das Getränk und rief entsetzt: »Das ist freilich kein Kaffee, du Unglückskind, was hast du getrieben?« Bei Marie löste sich alles verhaltene Weh dieses Tags in Tränenströme auf; sie versicherte, sie wisse von nichts, der Kaffee sei recht gemacht. Die Base rannte wie toll in der Stube auf und ab und schrie, sie müsse sterben. Der Barbier als erfahrener Mann sprang nach der Ölflasche und goß ihr ein, soviel möglich – das gab dann eine fürchterliche Explosion.

Endlich sandte Marie den Lehrling zum Doktor; der kam und hatte Mühe, aus den vielen Tränen, Beteuerungen und Lamentationen herauszubringen, um was es sich handle. »Wo ist der Kaffee?« fragte er; der stand noch auf dem Tisch. Er goß die Flüssigkeit ab, untersuchte den Satz und fragte Marie mit kuriosem Gesicht: »Haben Sie den Kaffee selbst gemahlen?« – »Nein, der Lehrling hat ihn bei der Krämerin geholt.« – »Wo ist die Tüte?« – »Die wird noch draußen sein, sie ist aber leer.« Marie brachte sie, der Doktor roch an dem kleinen Rest, fing an zu niesen und zu lachen wie unsinnig. »Was ist's? Was ist's?« fragten die andern atemlos. – »Marokko, feinster Marokko von Gebrüder Lotzbeck«, stieß endlich der Doktor unter Lachen hervor. – »Kein Gift?« fragte die Base mit schwacher Stimme. – »Nein, nein, ist aber auf allen Fall gut, daß es draußen ist. Ihr Magen ist jetzt ausgeputzt auf Jahre voraus, nun trinken Sie ein Täßchen Tee!« – »Keinen Tropfen in dieser Giftmischerhöhle!« schrie sie erbost. »Ein Gefährt, ich gehe sogleich nach Hause.«

Der Lehrling produzierte indes die echte Kaffeetüte, die er auf den Küchenschaft gelegt hatte, ohne es Marie zu sagen; sie hatte richtig dafür des Vaters Schnupftabak genommen. Der Barbier tat alles, um die Base zu versöhnen, die nahm aber keine Entschuldigung an und fuhr ganz grimmig ab, trotz ihrer Schwäche, indem sie dem verräterischen Haus alles denkbare Unheil prophezeite. Der Vetter bezahlte den Kutscher.

Es brauchte lange, bis die Hinterbliebenen sich von ihrer Erschütterung erholten. Marie ließ alles in Demut über sich ergehen und reinigte das Zimmer von den sehr merklichen Spuren des tragischen Ereignisses. Am Abend kam der Bräutigam, dem die Fama schon allerlei schauerliche Gerüchte entgegengetragen hatte, und fand erschrocken sein Bräutchen bleich und matt, den Vater ernst, in sich gekehrt und mehr als bedenklich, und durchs ganze Haus einen Hauch der Verstörung.

Die Braut war bald getröstet und war so ruchlos, selbst noch zu lachen über den tragischen Abzug der Base. Viel schwerer war's, den Vater zu beruhigen, der, zuvor schon durch die Bedenken der Base ängstlich gemacht, nun den ganzen Unfall für ein böses Vorzeichen hielt. Der Bräutigam aber bewies ihm gerade das Gegenteil: es sei ja ein Zeichen *für* ihre Verbindung, daß die, welche sie hatte stören wollen, allein unter dem Mißgriff gelitten habe. Wegen des kropfigen Vetters gab er ihm gründliche Nachweisung, daß er nur der Sohn einer Stieftante war und daß in dieser Stieflinie die Kröpfe daheim seien. Seine Mutter aber war im Wochenbett gestorben.

Dem dunkeln Einfluß der Jammerbase entrückt, in der beständigen Umgebung zweier junger und fröhlicher Herzen beruhigte sich auch endlich das besorgte Vaterherz, und nach Pfingsten führte der überselige Bräutigam sein anmutiges Pfingströslein in ihre neue Heimat.

Die Jammerbase hat die Schwelle des Vetters und die des jungen Paares nie wieder betreten. Marie fand aber später Gelegenheit, den Wehvögelein so viel Liebes und Freundliches zu erweisen, daß sie ihre Eulennatur beinahe ablegten und in vollem Ernst lernten, sich zu freuen mit den Fröhlichen, was manchmal schwerer ist, als zu weinen mit den Weinenden.

Aus dem Leben einer Hausfrau der alten Zeit

»Ahnfräulein« oder »Ahnfrau« wird in einigen Gegenden Schwabens die Großmutter genannt, und unter diesem Namen möchte ich am liebsten eine meiner Vorfahren* einführen, deren lebensvolles Bild mir heute besonders frisch vor die Seele tritt.

Selten wird ein Leben weniger Wechsel der Szene geboten haben, als das der Ahnfrau. Von ihrer Geburt bis zum Tode, vom ersten bis zum vierundachtzigsten Lebensjahr, waren die Mauern einer und derselben kleinen Stadt der einzige Schauplatz ihrer Freuden und Leiden, ihrer ganzen Wirksamkeit; ein Schauplatz, den sie nur sehr selten zu kurzen Besuchen bei Geschwistern oder Kindern verließ. Und doch, wie mannigfache Bilder in diesem einfachen Rahmen! Welch frisches, lebenswarmes Gemüt, welch unverwelkliche Herzensblüte hat sich auf einem Boden erhalten, den man sonst kaum für tauglich hält, um Küchengewächse darauf zu ziehen!

Sie war einmal jung und schön gewesen, das Ahnfräulein, das ich nur noch als ein eingeschrumpftes Mütterchen gekannt, und sie ließ das nicht ungern merken, um so mehr, als das Konterfei, das noch aus ihrer Blütezeit existierte, leider durchaus von keiner Meisterhand herrührte und einen gar unvollkommenen Begriff von ihren jugendlichen Reizen gab. Doch schaute selbst dieses mittelmäßige Machwerk mit der Rose in den gepuderten blonden Haaren und mit den lichtblauen Augen so freundlich drein, daß ein Bauersmann einst ganz verwundert fragte: »Aber wer ist denn die schöne

* Großmutter väterlicherseits: Christiane G. Rooschüz, geb. Faber (1756–1838); sie heiratete 1773 Georg Ludwig R. (1748–1812), Spitalmeister in Nürtingen.

Jungfer da?« – »Das bin ich einmal gewesen, Jakob.« – »Sie, Frau Syndikussin? Ach, du lieber Gott, wie kann doch der Mensch verwesen!«
Dieser wenig schmeichelhafte Ausruf hat dennoch das gute Ahnfräulein höchlich ergötzt, denn wenn sie noch eitel war – und wer ist's nicht? –, so war sie's am liebsten auf ihre Vergangenheit, in der sie lebte und webte bis zum letzten Hauch.

Jugendliebe

Die Ahnfrau hatte jung geheiratet, sehr jung, wie das in früheren Zeiten viel öfter geschah, wo man den Most gern süß einkellerte und es dem Ehestand überließ, ihn abzuklären, während es bei uns im Lauf der Dinge liegt, daß er gehörig ausgegoren hat, ehe er ins Faß kommt. Beides mag sein Gutes und Schlimmes haben; wie man mir sagt, soll der süß eingekellerte Most leichter geneigt sein, trüb und schwer zu werden. Beim Ahnfräulein war dies nicht der Fall, sie ist nicht schwer geworden, bis zum letzten Tropfen nicht.
So früh sie nun aber auch das bedeutungsvolle Ja gesprochen, auf das ihr ganzes Leben als volles, freudiges Amen gefolgt ist, es war doch nicht so früh, daß nicht ihr Herz zuvor Zeit gefunden hätte, sich noch ein klein wenig auf eigene Hand zu rühren. Diese erste leise Herzensregung ist eine schöne traurige Geschichte, die ich sie am liebsten selbst erzählen lasse:
»Siehst du, ich habe es recht gut gehabt in meiner Jugend, obgleich wir zehn Geschwister waren und tüchtig schaffen mußten. Der Vater* war nicht reich, aber angesehen, und von Mangel und Sorge war keine Rede. Jetzt kann man sich's gar nicht mehr vorstellen, was ein Beamter seiner Art dazumal für ein Herr war, und vollends so ein grundge-

* Gottlieb F. Faber (1721–1772); Oberamtmann in Nürtingen.

scheiter Mann wie mein Vater, der zum Herzog mußte, so oft er nach Stuttgart kam. Ja, ja, wir haben etwas Rechtes gegolten! Ich selber trug mein Näschen nicht wenig hoch und dachte damals nicht, daß hier in Nürtingen, wo der Vater regierte, auch sein Tochtermann wachsen würde.

Nun, es kamen öfters vornehme und gescheite Herren aus der Residenz zum Vater, und wir waren solche Besuche gewöhnt. Aber einer ist bisweilen gekommen, nicht oft – da hat mir allemal das Herz geklopft, wie sonst nie in meinem Leben, und es hat sich sonderbar getroffen: so oft er gekommen ist, gefahren oder geritten, jedesmal mußte ich just am Fenster sein und ihn sehen, und jedesmal hat er heraufgeschaut und mich gegrüßt; ich mochte nun am Küchen- oder am Öhrnfenster stehen oder in der Stube, er hat stets am rechten Ort hinaufgeguckt. Wenn er bei uns zum Essen geladen wurde, bin ich aber immer zuletzt gekommen: ich hätte mich so gern recht schön angezogen und habe mich doch wieder geschämt, es zu tun.«

»Haben Sie denn auch recht viel miteinander gesprochen?«

»Gesprochen? Ich möchte wissen wann? Ich sah ihn nur bei Tisch, und da hätt ich den Vater sehen wollen, wenn eines von uns ungefragt geredet hätte! Hie und da hat der S. doch die Rede an mich gerichtet, aber ich bin immer so rot geworden und so verlegen, daß ich kaum antworten konnte. Ich habe auch gar nie geglaubt, daß er nur ein klein wenig an mich denke, ein so schöner Mann und so vornehm! Man sagte damals schon, daß ihn der Herzog mit einer Gesandtschaft verschicken werde. Nur ein einzigesmal hab ich's doch ein bißchen gemeint.

Da war er beim Vater und kam gerade allein über den Hof, als ich eben auf der Staffel stand und meine Blumenstöcke goß, ich hatte nicht viele: zwei Rosenstöcke und einen großen Nelkenstock. – Ich spürte schon von weitem, daß er auf mich zukomme, aber ich rührte mich nicht und zupfte nur immer an einem einzigen Rosenblatt. Wie fuhr ich aber zusammen, als ich seine Stimme hörte: ›Ei, was für schöne

Rosen, Jungfer Karoline!‹ Ich wußte gar nicht was sagen und sah nur ein klein wenig nach ihm auf. ›Blüht gar keine von den schönen Knospen für mich?‹ fragte er wieder. Da hatte ich, ehe ich mich besonnen, die allerschönste abgeschnitten, aber ich hatte nicht den Mut, sie ihm zu geben, bis er selbst sie sanft aus meiner Hand zog. ›Danke, danke schön‹, sagte er mit einem Lächeln – das vergesse ich nicht! – und ging rasch weiter. Was sonst noch an diesem Tag vorgefallen ist, weiß ich nicht, ich glaube, ich wurde tüchtig gezankt von der Mutter, weil ich wie im Traum herumging; es war mir immer, wie wenn ich alle Glocken zusammenläuten hörte. Am andern Morgen ritt er ab vom Schwanen drüben. Das Röslein hatte er an seinem Knopfloch stecken, es war über Nacht aufgegangen. Ich habe viele Nächte nicht schlafen können und viel Angst gehabt, ob es keine der großen Schwestern bemerkt.

Ein paar Wochen nachher war der Vater verreist und wir hatten große Putzerei. Das ganze Haus wurde umgekehrt, Kisten und Kasten geleert, und wir alle hausten mit Besen und Bürsten, wuschen, polierten und wichsten Kommoden, Tische und Schränke, und fürchteten uns sehr vor der Mama, die an den Putztagen immer höchst übler Laune und leicht erzürnt war. Da kam der Bastel, der alte Stadtbote, an mir vorbei die Stiege herauf. ›Wo find ich die Frau Mama? Da ist ein Brief, nicht ans Amt, an den Herrn selber.‹ – ›Droben ist sie, Bastel, in der oberen Gaststube.‹ Der Bastel ging hinauf, nach dem Brief fragte keines von uns.

Der Vater blieb damals viel länger aus, als er selbst und wir geglaubt. Er war aber schon wieder ein paar Tage zu Haus, als er gelegentlich bei Tisch zur Mutter sagte: ›Ei, Nane, denke, der S. ist bei der Gesandtschaft in Österreich angestellt worden, und er hat nicht einmal schriftlich oder mündlich Abschied von uns genommen. So geht's, wenn die Leute vornehm werden! Von dem hätte ich's aber nicht geglaubt.‹ Die Mutter verwunderte sich gehörig darüber, auch die Schwestern gaben ihr Wörtchen drein, ich aber konnte kei-

nen Bissen mehr essen. Ich war froh, daß der kleine Christian, der neben mir saß, meinen Teller in der Stille ableerte, weil's gerade was Gutes war. In der Nacht habe ich bitterlich geweint; ich hatte freilich nie geglaubt, daß er an mich denken werde, nun aber tat mir's doch in der Seele weh. Niemand sprach indessen mehr von ihm, und ich dachte, ich sei eben ein recht einfältiges Mädchen gewesen.
Da erhielt mein Mann selig, der seither Substitut beim Vater gewesen war, die Stelle eines Syndikus, was für seine Jugend schon recht viel war. Er kam zum Vater und hielt um mich an. Der Vater ließ mich in seine Stube rufen und eröffnete mir's recht feierlich. ›Du hast ganz deinen freien Willen, Karoline‹, sagte er zum Schluß, ›ich erwarte aber, daß du vernünftig bist und den Antrag eines so geschickten und rechtschaffenen Mannes mit Dankbarkeit annimmst.‹ Da wußte ich nun wohl, wie es mit dem freien Willen stand und daß ich nicht anders durfte, aber es war mir noch gar, gar nicht ums Herz, wie wenn ich ja sagen wollte. – Siehst du, ich hatte gewiß immer rechten Respekt gehabt vor meinem Mann selig, er war auch ein schöner, stattlicher Mann, sehr ernsthaft und gesetzt für seine Jugend, und der Vater hielt große Stücke auf ihn, aber daß er *mein* Mann werden könnte, daran hatte ich mein Lebtag nicht gedacht, und ich meinte, es *könnte* nicht sein.
Der Vater aber hielt es für puren Hochmut von mir, weil mein Mann von armen Eltern herstammte, und sagte mir tüchtig die Meinung darüber. Endlich aber sprach er: ›Wenn du nur einen einzigen vernünftigen Grund hast, nein zu sagen, so will ich dir mit keinem Wort weiter zureden.‹ Einen vernünftigen Grund hatte ich aber nicht, nur einen recht unvernünftigen; so sagte ich denn in Gottes Namen ja und bat Gott, mir ein freudiges Herz dazu zu geben. Das hat er auch getan, und ich wurde eine recht zufriedene Braut, als ich sah, wie sie alle ihre Freude hatten und wie die Eltern meinen Bräutigam ehrten und mich mit, so daß ich jetzt am Tisch mitsprechen durfte wie die Mama selbst. Mein Bräu-

tigam tat mir auch zu Lieb und Freude, was er nur konnte. Einmal aber, da hat er's mit dem besten Willen doch nicht gut getroffen, das war mir gar zu arg.«

»Ja, was war denn das?«

»Nun sieh, er hatte eine neue Wohnung bewilligt erhalten, das schöne große Haus, das du ja wohl kennst, und es einstweilen allein bezogen. Nun hatte ich ihm lange versprochen, ihn einmal mit der Mutter zu besuchen, und es wurde endlich auf einen gewissen Tag ausgemacht. So gingen wir also, ich und die Mama, in aller Stille über den Marktplatz, ich dicht an den Häusern, weil ich in einiger Verlegenheit war. Siehe, da fuhren an dem neuen Logis alle Fenster auf, und der Stadtzinkenist mit all seinen Gesellen blies heraus mit Trompeten, Pauken und Klarinetten die allerneueste Ekossaise! Du kannst dir denken, daß die Fenster der ganzen Nachbarschaft auch aufflogen und alles die Köpfe herausstreckte und die Gassenkinder zusammenliefen und jedermann fragte: ›Was ist's, was gibt's?‹ – ›Ei, der neue Syndikus läßt seiner Jungfer Braut aufspielen!‹ – Ich hätte in den Boden sinken mögen! Er hatte es freilich herzlich gut gemeint und mir die höchste Ehre antun wollen, aber ich habe es lange nicht verwinden können.

Nun gut, das war vorbei und wir waren vergnügt und zufrieden miteinander. Da meldete sich eines Tages der Herr Onkel Landschaftsassessor zum Besuch an. Dies war immer eine große Wichtigkeit. Man stach Kapaunen und bestellte Forellen; in der oberen Staatsstube wurden frische Vorhänge aufgemacht und das seidene Bettkuvert überzogen. Der Vater, der sich sonst nie um Haushaltungssachen kümmerte, ging selbst mit mir hinauf, um nachzusehen, ob auch alles recht im Stande sei. Ich langte eben das Lavor von echt chinesischem Porzellan aus der Kommode, ein Prachtstück, das nur bei solchen Gelegenheiten und stets mit großer Angst gebraucht wurde, weil man uns von Kindheit an fabelhafte Begriffe von seinem Wert beigebracht hatte. ›Da liegt ja ein gesiegelter Brief an Sie, Papa‹, rief ich erstaunt, und

mit einemmal fiel mir der Brief ein, den der Bastel damals am Putztag gebracht hatte, und mir wurde recht bang auf das Ungewitter, das es wegen dieser Vergeßlichkeit der Mutter geben werde.
Der Vater öffnete rasch den Brief und las ihn. Sein Gesicht wurde immer ernster und nachdenklicher. ›Das kommt nun zu spät!‹ sagte er langsam und gab mir nach kurzem Besinnen den Brief. ›Da lies, Karoline! Es geht dich an.‹ Und mit großen Schritten ging er auf und ab, während ich erstaunt mit klopfendem Herzen den Brief las. Aber das Herz ist mir fast stillgestanden. – Was meinst du, daß in dem Brief stand? Eine förmliche Werbung des S. um meine Hand beim Vater, und ein kleines Brieflein darin an mich, so schön, ich könnte es heute noch auswendig sagen. Da wurde mir's ganz dunkel vor den Augen. Ich wollte nur allein sein und ging hinunter in das Schlafstüblein.«
»Aber das ist doch gar zu traurig! Was haben Sie denn getan?«
»Gebetet habe ich, Kind, wohl auch geweint, aber gebetet zu dem, der den Sturm auf dem Meer gestillt hat, und es ward auch in mir eine große Stille. Nach einer Stunde ließ mich der Vater wieder zu sich kommen. Nun hat mich's mein Lebtag gewundert, daß der Vater mir den Brief gezeigt und noch ein Wort über die Sache verloren hat, nachdem ich schon eine verlobte Braut war, aber es muß bei ihm eben sehr tief gegangen sein. Er sah ganz bleich, ganz verlegen und bekümmert aus. ›Karoline‹, sagte er, ›das ist nun schlimm, mir tut's weiß Gott leid, daß es so gegangen ist, aber mein Wort . . .‹ – ›Wir brauchen uns nicht mehr zu besinnen, Papa‹, sagte ich ruhig. ›Wenn es Gottes Wille gewesen wäre, so hätt er's anders fügen können. Ich habe wohl einmal gedacht, ich möchte einen Mann, den ich recht, recht lieb haben könnte, so von ganzer Seele, und so will ich nun den Friedrich (so hieß mein Mann selig) lieb haben, und Gott wird mir dazu helfen.‹ – ›Du bist ein braves Mädchen, Karoline, Gott wird dir's gut gehen lassen.‹ Und der Vater

gab mir zum erstenmal die Hand. Sein Wort ist auch in Erfüllung gegangen: der liebe Gott hat's uns gut gehen lassen und uns reichlich gesegnet mit Wohlstand und Herzensfreude, und acht gesunde und brave Kinder sind heute noch meines Alters Trost und Freude.«

»Aber haben Sie denn dem S. gar nicht einmal geschrieben?«

»Ob der Vater es getan hat, weiß ich nicht; für mich, als eine verlobte Braut, wäre das nicht recht gewesen. Weh getan hat mir's freilich, daß er sich so verschmäht glaubte und im Groll von uns geschieden ist, aber ein recht stolzer Mann muß er doch gewesen sein, sonst hätte er nicht so scheiden können.«

»Aber der Bräutigam, der hat doch das Opfer gewiß recht erkannt und Sie auf Händen getragen?«

»Er war ein getreuer und rechtschaffener Mann und mein bester Freund auf der Welt, der mich sein Leben lang in Liebe und Ehren gehalten hat, aber da wärest du falsch daran, Kind, wenn du glaubtest, er sei darum ein besonders untertäniger Ehemann gewesen, weil ich zuerst kostbar tat und mir eine Weile wie ein Prinzeßlein vorkam. Nein, er ist recht der Herr und das Haupt des Hauses gewesen und ich ihm gehorsam und untertan, wie es einer rechten Frau gebührt. Ich würde das nicht selbst sagen, aber er hat mir's noch auf seinem Totenbett bezeugt. Die Geschichte mit dem S. aber und dem Brief habe ich ihm erst anvertraut, wie er und ich gewiß wußten, daß ich den Irrtum nicht mehr beklagte. Es ist eine schöne Sache, Kind, um das eheliche Vertrauen, und eine rechte Frau wird kein Geheimnis vor ihrem Mann behalten – aber gar zu voreilig muß man nicht sein, sonst wirft man leicht ein Häkchen in des Mannes Seele, das nachher schwer auszuziehen ist.«

Hochzeit und Ehestand

Wer sich nun nach der Geschichte dieser Jugendliebe die Ahnfrau vorstellen wollte als eine Harfe mit zerrissenen Saiten, die nur noch *einen* wehmütigen Akkord nachklingen, oder als eine Trauerweide, lebenslang hinabgebeugt auf das Grab des versunkenen Jugendtraums, der wäre groß im Irrtum. Die Herzen à la Werther trug man dazumal noch nicht, und wenn man sie getragen hätte, so meinte sie just nicht, daß sie alle Moden mitmachen müsse. Sie ertrug das Leben nicht, sie griff es an mit frischem Mut, und wenn das Leben ein Kampf ist, so hat sie ihn freudig und ritterlich durchgefochten.

Daß sie nicht eben sentimentaler Natur war, das beweist der erste Schmerz ihres Ehestandes, der in der Entdeckung bestand, daß ihr junger Ehegemahl – nicht tanzen könne. Neben aller Sitteneinfalt der guten alten Zeit wurden wichtige Lebensereignisse, Hochzeiten, Taufen und dergleichen stets mit entsprechender äußerlicher Feierlichkeit begangen. Hochzeiten, wo man sämtliche Gäste mit einer Flasche Malaga und einem Teller Süßigkeiten abfertigt, deren Rest der Konditor nachher wieder zurücknimmt, kannte man damals noch nicht. So wurde denn auch die Hochzeit der Ahnfrau mit gebührender Solennität gefeiert: alle Freunde, Verwandte und Bekannte, sämtliches Schreiberpersonal ihres Vaters waren geladen; alle Dienstleute, Wäscherinnen und Taglöhner des Hauses, ja sogar ehemalige Mägde, nebst Eltern und Geschwistern der aktiven wärmten sich am grandiosen Küchenfeuer und der reichlichen Mahlzeit, die daran bereitet wurde. Der Hofrat, ein Jugendfreund des Bräutigams, produzierte ein schalkhaftes Karmen, auf Atlas gedruckt, aus dem ich mich nur noch der Verse entsinne:

Hinfüro darfst du deine Syndikussin
Ohne alle Sünde kussen.

»Nun war am Abend«, erzählte die Ahnfrau, »wie üblich der Hochzeitsball. Vorher hatte es seit langem keine Tanzgelegenheit gegeben, wo ich und mein Zukünftiger zusammen gewesen wären. Als nun die Spielleute ankamen, stand ich mit meinem neuen Ehegemahl auf zum ersten Menuett. Als wir aber anfangen sollten, trippelte er nur mit den Füßen hin und her. ›Ei, warum fangen Sie denn nicht an?‹ fragte ich – ich habe nämlich erst nach der Hochzeit du zu ihm gesagt. ›Ja, tanzen habe ich noch nie können, es tut mir leid‹, sagte er mit Lachen. Mir aber war's gar nicht lächerlich, ich schämte mich vor all meinen Freundinnen, daß ich einen Mann habe, der nicht tanzen könne, und es schien mir eine rechte Unredlichkeit, daß er's nicht vorher gesagt.«

Viel Zeit zum Tanzen hat die gute Ahnfrau nun nicht gehabt, so tanzlustig auch damals die sechzehnjährige Hochzeiterin gewesen sein mochte. Als sie kaum zwanzig Jahre alt war, wimmelten schon drei Kinder um sie, »wären alle unter *einen* Korb gegangen«. Auch hat ihr der Mann die Tanzfreude, die er nicht selbst teilen konnte, wenigstens nicht mißgönnt.

»Man wußte damals gar nicht anders, als daß Frauen in gesegneten Umständen zur Ader lassen mußten, und es war der Brauch, sich an diesem Tage etwas zugute zu tun. Man machte einen Spaziergang über Land und es wurde etwas Besonderes gekocht. Nun war's gerade ein regnerischer Tag, als ich das erste Mal zur Ader gelassen hatte. Unser guter Freund, der Hofrat, kam herüber: ›So, die Frau hat heut zur Ader gelassen, was stellt ihr denn an bei dem bösen Wetter?‹ Man ratschlagte lange hin und her, endlich sagte der Hofrat zu meinem Mann: ›Wenn du deine Geige holen wolltest, so könnten wir ein Tänzchen machen.‹ Gesagt, getan. Du mußt wissen, daß mein Mann selig prächtig die Geige spielen konnte. So holte er denn die Geige und spielte den ganzen Nachmittag auf, und ich und der Hofrat tanzten dazu. Der Doktor ist nachher freilich böse geworden, aber es hat mir nichts getan, und unser Ältester war ein Prachtkind.«

»Aber, Ahnfrau, so jung möcht ich doch nicht heiraten!«

»Ist auch ganz und gar nicht nötig, nicht im mindesten, will dir's durchaus nicht wünschen und deinem künftigen Mann noch weniger, wenn's gleich bei uns gut ausgefallen ist. Ich bin noch ein rechter Kindskopf gewesen und habe viel Lehrgeld bezahlt. Gesund war und blieb ich, Gott Lob und Dank! Als mich die Frau Försterin in meinem ersten Wochenbett besuchen wollte und ganz leise in das Schlafzimmer trat, sah sie nur das aufgemachte Staatsbett, weit und breit keine Frau Wöchnerin. ›Wo ist denn Ihre Frau?‹ fragte sie verwundert und ängstlich die Magd. ›Ach, die Frau sind nur hinten im Hof und schleifen ein bißchen!‹ Es war nämlich Winter, und es hatte mich schon lange gelüstet nach der prächtigen Glitschbahn im Hof. Du kannst dir aber denken, daß ich scharf von den Frauen mitgenommen wurde, und mehr noch später einmal, als ich am Jahrmarkt eine ganze Tafel voll Gäste sitzen ließ und dazwischen hinein mit meinen Schulkameradinnen auf dem Markt spazierenging, daß die Magd daheim sich derweil nicht zu helfen wußte.«

Vergeblich waren die Lehrgelder nicht ausgegeben, und die Ahnfrau ist eine so gute und tüchtige Hausfrau geworden, wie nur je eine im schönen Schwabenland, die nicht nur der Küche und dem Haus, sondern auch Gärten, Feldern, Ställen und Wiesen nebst Kühen und Kälbern vorzustehen hatte. Und doch hat sie ihren frischen Mut dabei behalten.

Die Kinder, die rasch hintereinander nachwuchsen, wurden nicht als Last und Plage, sondern recht als Gottesgabe aufgenommen. Dafür machte man auch keine Umstände mit ihnen, kleidete die Jungen in Zwilchwämser und Lederhosen, die Mädchen in selbstgewobenen Barchent, wenngleich ein Bild, das die zwei Ältesten des Hauses, den Knaben im Federhut, das Mädchen in hoher Frisur und Poschen darstellt, noch Zeugnis gibt, daß man bei festlichen Gelegenheiten auch Staat mit ihnen machen konnte.

Die Garderobe vererbte sich auf das nächstfolgende Familienglied; es wurde ihm anprobiert und paßte, wie die Ahnfrau meinte, stets »wie angegossen«. Die Söhne und Töchter selbst waren gerade nicht immer dieser Meinung, und die Kleider und Wämser mit recht gesunden Flicken darauf ließen meist noch hinlänglich Raum für künftige Körperentwicklung.

Die Betten waren je für zwei und zwei, und das konnte bei Störungen der geschwisterlichen Eintracht fatal werden. Der Gottlieb und der Christian zum Beispiel, später die einträchtigsten Brüder, waren in ihrer Kindheit so eine Art Don Manuel und Don Cäsar und gerieten sich im wörtlichsten Sinn dergestalt in die Haare, daß die Mutter darauf kam, ihnen die Köpfe glatt abrasieren zu lassen. Sie erzählten, es sei eigen gewesen, wie dann die Hände auf den kahlen Köpfen so ausgeglitten seien.

Drangsale aller Art blieben natürlich nicht aus, Löcher und Beulen, Keuchhusten und Scharlachfieber: die Ahnfrau aber steuerte getrost auch durch solche Trübsalsfluten. Sie war einmal eben im Stall, um der Magd praktische Anleitung im Melken zu geben, da stürzte die gesamte Kinderschar mit Zetergeschrei herunter: »Der Christian hat Mausgift gegessen, der Christian hat Mausgift geschleckt!« Schnell besonnen, reißt die Mutter den armen Sünder herbei, gießt ihm von der warmen, frischgemolkenen Milch so viel ein, als nur immer den Schlund hinab zu bringen ist, und noch ehe der in Eile herbeigerufene Arzt erscheint, ist durch die gewaltsame Explosion, die nun erfolgte, das Gift mit all seinen schädlichen Wirkungen entfernt, und der Christian bildete sich später noch etwas darauf ein, daß er in solcher Lebensgefahr gewesen.

Der Gottlieb freilich, der sah's bedenklicher an. Als er mit dem Christian einige Jahre später beim Herrn Onkel Landschaftsassessor in Stuttgart zu Gast essen durfte, wartete ihnen dieser zum Nachtisch drei Pfirsiche von einem Spalier seines Gartens als höchste Rarität auf und fragte triumphierend: »Nicht wahr, Buben, so habt ihr noch nichts gegessen?« – »Oh, warum nicht!« sagte der Christian, »'s Fritzles Käther gibt so sechs für einen Kreuzer.« Dem älteren

Gottlieb, in tödlicher Verlegenheit, wie er des Bruders Taktlosigkeit beschönigen sollte, fällt endlich bei: »Ach, Herr Großonkel, nehmen Sie's doch nicht übel, daß mein Bruder so dumm ist! Aber vor drei Jahren hat er einmal Mausgift gegessen, das hat ihm vom Verstand genommen.«
Niemand sah der zartgebauten Ahnfrau an, welch kräftiges Regiment sie als Hausfrau und Mutter führte, wie sie den Töchtern tätig voranging bei Feld- und Hausarbeiten aller Art, zu denen jetzt jede Magd von Bildung noch eine Untergehilfin verlangt. Darum ist ihr auch der reiche Segen, der ihr Haus sichtbar krönte und der mit jedem Kind zu wachsen schien, nicht zugeflogen wie eine gebratene Taube, sondern zugewachsen wie dem fleißigen Winzer der edle Wein, der die Frucht seines sauren Schweißes und doch eine wundersame Himmelsgabe ist.

Kriegszeiten

Der Ahnherr war eine durch und durch konservative Natur. Die Französische Revolution mit ihren Folgen erschütterte ihn fürchterlich; als er die Hinrichtung Ludwigs XVI. erfuhr, hat er sich einen ganzen Tag eingeschlossen, kein Wort gesprochen und keinen Bissen gegessen. – Da konnten die französischen Soldaten, die bald darauf das Land überschwemmten und die kleine Stadt besonders stark heimsuchten, keine willkommenen Gäste für ihn sein. Die gute Hausfrau trug oft schwere Sorge, ob sein tiefer Groll nicht einmal durchbreche durch die unbeweglich ernste und feierliche Haltung, mit der er die ungebetenen Besucher aufnahm und beherbergte.
Das vielgestaltige, bewegte Leben und Treiben, das sie mit sich brachten, hatte aber, zumal für den rührigen Geist der Ahnfrau, etwas Aufregendes, das das Gefühl der Trauer und des Widerwillens nicht recht zum Bewußtsein kommen ließ. Auch müssen die zusammengewürfelten französischen

Truppen oft einen komischen, buntscheckigen Anblick gewährt haben. Schuster und Schneider durften nicht feiern, Schuhe gehörten unter die ersten Requisitionen der einziehenden Truppen; auch war der Appetit vortrefflich, so viel sie auch über »die schwäbisch Fressen« schimpfen mochten. Die Ahnfrau sorgte stets, durch gute und reichliche Küche sie bei guter Laune zu erhalten.

Einmal aber hat sie viel Sorge durchgemacht. Es waren vier, ziemlich ungentil aussehende Offiziere im Haus einquartiert, deren Insolenz der Hausherr nur mit Mühe ertrug. Einer unter ihnen, der etwas Deutsch verstand und den Dolmetscher der übrigen machte, kam mit beglückender Miene zu den Töchtern des Hauses: »Heut abend groß Ball, schön Ball! Sie mitkommen, ich Sie tanzen lassen!« So tanzlustig die Mädchen auch sonst sein mochten, diesmal waren sie gar nicht aufgelegt, und der Vater erklärte kurzweg: »Meine Töchter tanzen auf keinem Franzosenball.« Der Dolmetscher verstand das schon und erklärte es den andern. Diese erhoben ein Geschrei und ein Säbelgeklirr, daß es Mutter und Töchtern angst und bange ward; endlich stürmten alle vier fort. Da kam nach einer Weile der Hofrat: »Hört, das Ding kann bös gehen! Die Offiziere haben sich beim Obersten beklagt, der nimmt's als Beleidigung der französischen Ehre und speit Feuer und Flamme. Er will die Mädchen mit Militär abholen lassen, wenn ihr sie nicht gutwillig zum Ball schickt, er droht mit Plündern und was allem. Seid gescheit und führt sie selbst hin, so wird gewiß den Mädchen kein Leid widerfahren!« Die Mutter bat, der Hofrat sprach zu; der Vater selbst sah ein, daß da nichts zu machen war, und gab zähneknirschend seine Einwilligung und den Mädchen Befehl, sich anzukleiden.

Nie wohl ist eine Ballgarderobe von jungen Damen unlustiger ins Werk gesetzt worden als diese. Die hochgesinnte patriotische Auguste verlangte, daß man in Trauer gehen sollte, die trotzige Sophie schlug die alten Hauskleider vor, um seine Geringschätzung recht zu zeigen, Karolinchen aber meinte, man müsse sich doch anständig anziehen, es könnte dem Papa Verdruß machen. Ob sie dabei nicht ebensoviel an ihr hübsches Gesicht und an minder patriotische und mehr geputzte Freundinnen dachte als an den Papa, das sei dahingestellt. Die Schwestern ließen sich auch umstimmen und fanden in kleidsamen blauen Kattunkleidern die richtige Mitte zwischen zu festlicher und zu alltäglicher Tracht. Wie sie abzogen zum Ball, seufzte aber Auguste ganz tragisch: »Wenn das die Kaiserlichen wüßten!«

Die Offiziere hatten ihre Empfindlichkeit vergessen und erschienen im höchsten Putz, dessen ihre zusammengelesenen Uniformen fähig waren, um die Damen auf den Ball zu geleiten. Der Papa aber im feierlichsten Staatskostüm mit Haarbeutel und Buckeln war neben der Mutter schon bereit, die Töchter unter seine Fittiche zu nehmen, und schritt an ihrer Seite voran mit so tiefernster Miene, als gehe es zur Leiche und nicht auf einen Ball.

Es ging übrigens alles gut vonstatten: die Franzosen benahmen sich ganz anständig und waren flinke Tänzer, so daß die jungen Damen sich in etwas mit ihrem Geschick aussöhnten. Wenn nicht an der Tür des Ballsaals Wachen mit gezogenen Säbeln aufgestellt gewesen wären, um etwaiges Entweichen der Damen zu verhüten, so hätte man glauben können, es sei ein Ball wie ein andrer.

Ein komisches Zwischenspiel war es, als der Dolmetscher die im Gang zuschauende Magd des Hauses absandte, um seinem Bedienten zu befehlen, daß er ihm seinen Mantel bringe. »Er spielt grad Karten und mög ihn nicht bringen«, meldete diese, zurückkehrend. »Er ihn muß bringen, *tout de suite*!« schrie der Offizier. Die Magd kam zum zweitenmal zurück: »Es sei ja erst acht Tag, daß Sie den Mantel g'stohlen haben«, berichtete sie, »da werden Sie noch nicht so dran gewöhnt sein.« Wütend, mit gezogenem Degen stürzte er hinaus, muß aber Gründe gehabt haben, seinen unverschämten Bedienten zu schonen; er kam bald zahmer zurück, mit dem umstrittenen Mantel auf dem Arm, zwischen den Zähnen fluchend: »*Sacré chien!* Ich muß haben meinen Mantel, ich!«

»Einmal aber«, erzählte die Ahnfrau, »hab ich doch auch durch die Franzosen einen Hauptspaß gehabt. Was nicht Platz finden konnte von dem Volk in den Quartieren der Stadt, das speiste alles im Schwanen, die Stadt mußte Tag für Tag hundert Gulden dafür bezahlen. Nun fiel es den Herren einmal ein, sämtlichen Honoratioren der Stadt eine Ehre anzutun und sie mit ihren Frauen zur Tafel zu laden – ist eine teure Ehre gewesen, die Stadt hat's ebenfalls zahlen müssen. Du hättest meinem Mann sein Gesicht sehen sollen, mit dem er den weißen Staatsfrack mit den großen Perlmutterknöpfen anzog: der beste Wein wäre davon zu Essig geworden. Mir hat das Ding ein bißchen Spaß gemacht, ich dachte, das erlebst du so bald nicht wieder; es lächerte mich, daß die Kerle so unverschämt waren, einen auf ihr gestohlenes Gut noch zu Gaste zu laden. Merken lassen durfte ich mir's freilich nicht, ich zog mich aber ganz staatsmäßig an und setzte ein Tafelaufsätzchen von Atlas auf mit Rosen.

Als wir in den Schwanen kamen, mußte man im Vorzimmer warten. Der General, der ein wenig Deutsch konnte, bekomplimentierte uns, und man mußte sich paarweise aufstellen. Der General schritt voran in den Speisesaal mit der Frau Oberamtmännin am Arm; ich glaub, ich hätt's auch nicht übel genommen, wenn er mich geführt hätte, obgleich es ein Franzose war. Die Tafel war prächtig gedeckt, aber nur für die Damen. ›Die Damen nehmen Platz!‹ kommandierte der General, das geschah. Was aus den Herren werden sollte, wußte man noch nicht. ›Jeder Herr stellt sich hinter den Stuhl seiner Dame!‹ kommandierte er wieder. Die haben aufgeschaut! Das war noch keinem von unsern Männern passiert, daß er hinter seiner Frau Stuhl stehen mußte! Der General aber fing an, die andern mußten nachfolgen; die Offiziere stellten sich hinter die ledigen Damen, wir hatten unsre Mädchen daheim gelassen. Ich setzte mich, als müsse das so sein, konnte aber gar nicht aufsehen vor Lachen, wenn mir's einfiel, daß mein eigener leiblicher Mann, den wir daheim alle ehrten und bedienten, wie sich's für den Herrn vom Hause gehört, da hinter mir stehe wie ein Bedienter. Ich bot ihm ganz vornehm und gnädig den Suppenteller hinauf; da stand er, bolzgerade wie ein preußischer Grenadier, und hatte er vorher ein Gesicht geschnitten, so schnitt er jetzt noch ein ärgeres. Ich guckte ihn nur ein klein wenig von der Seite an, und wie er sah, daß mir's so lustig vorkam, so lächerte es ihn auch ein klein bißchen; wie er mir aber den Teller wiedergebracht hatte, ward es ihm doch zu bunt, er ging davon und suchte sich in der Nebenstube etwas zu essen. Daheim sprach er kein Wörtchen davon, wenn er aber guter Laune war, so durft ich ihn später wohl daran erinnern: ›Weißt nimmer, Alter, wie du mir so nett den Teller präsentiert hast?‹«

Allmählich verlief sich der Franzosenstrom; der Ahnherr lebte auf im Befreiungskrieg. Russen, Österreicher, Preußen zogen als willkommene Gäste durch. Mit den Österreichern stand sich die Familie sehr gut, und die Ahnfrau berichtete gern, was für vornehme Herren bei ihnen gewohnt hatten und wieviel Ehre sie ihr erwiesen.

»Einmal war ich weit draußen ganz am Ende der Markung auf unserm Acker und habe Ölmagen [Mohn] gebrochen, den größten Sack voll, und wartete nur noch auf den Knecht, der ihn heimfahren sollte. Da kam der Herr General, der damals bei uns im Quartier war, in seiner prachtvollen Chaise dahergefahren; all mein Lebtag habe ich kein so flottes Gefährt mehr gesehen, innen mit Samt, außen glänzend wie ein Spiegel mit gemalten Wappen und Goldverzierungen. ›Was schaffen S' da allein?‹ fragte er, ›fahren S' mit mir heim!‹ – ›Danke, Euer Exzellenz‹, sagte ich, ›ich kann den Sack da nicht allein stehenlassen. Wo alles voll Soldaten lauft, da ist nichts sicher.‹ Er lachte und ich merkte, daß ich einen Reißer gemacht. ›Wissen S' was?‹ sagte er gutmütig, ›den Sack packt mein Kutscher hintenauf und Sie

sitzen 'rein.‹ Mußte der Kutscher den garstigen Ölmagensack hinten auf die Staatskarosse packen! Er hat wahrscheinlich tüchtig geflucht, aber auf slowakisch, ich hab's nicht verstanden, und ich fuhr in Pracht und Herrlichkeit wie eine Prinzessin mit dem General bis vors Haus, daß alles die Fenster aufriß.
Ein andermal ist mir das Staatmachen nicht so gut bekommen. Ich war im Flachsrupfen auf dem andern Acker, auch weit genug von der Stadt. Dazumal, wo man noch sparen konnte, trug man in besseren Kleidern vorn, wo es die Schürze bedeckte, ein eingesetztes Stück von selbst gewobenem Barchent, um Stoff zu ersparen. Da es nun sehr heiß war und die Sonne mir auf den Rücken brannte, zog ich, um das Zeug zu schonen, mein Kleid verkehrt an, das hatte ich aber im Amtseifer ganz vergessen. Wie ich nun eben fertig war, kommt der Graf Serbeloni daher, der in unsrer Nachbarschaft einquartiert war und oft zu uns kam. ›Ah, Madame‹, sagte er, ›wir gehen einen Weg, Sie erlauben, daß ich Ihnen meinen Arm anbiete.‹ Nun war ich zwar das nicht gewöhnt, aber ich sah es immer gern, wenn die Herren galant sind – so ließ ich mir's gefallen. Zuerst war ich in Verlegenheit, dann aber unterhielt ich mich sehr gut mit dem Herrn Grafen und zog in *einer* Glorie an seinem Arm durch die Stadt. Ich hörte wohl Leute hinter uns lachen, aber ich dachte, das geschehe aus lauter Verwunderung. Wie wir aber ans Stadtschreibers Haus vorbeikommen, springt das Nanele herunter und winkt mir; ich will's alleweil noch nicht verstehen, bis sie mir in die Ohren düsemet [flüstert]: ›Ach, Frau Syndikussin, wissen Sie's denn nicht, daß Sie Ihren Rock verkehrt anhaben und den Barchentpletz hinten?‹ Da war meine Glorie zu Ende! Ich versicherte den Herrn Grafen, daß ich da drin ein Geschäft habe, und lief recht künstlich rückwärts, daß er den Schaden nicht merken sollte; weiß nicht, ob er ihn wahrgenommen. Ich ging eine gute Weile nachher immer durch Hintergäßchen, und mein Mann, der mich vom Rathaus aus so in Pracht und Eitelkeit hatte

daherziehen sehen, hatte sein Pläsier an meiner Demütigung. Wenn ich ihn mit dem Franzosengastmahl necken wollte, so sagte er: ›Sei nur still, sonst komm ich mit dem Grafenspaziergang!‹«

Am Ende aber zog der willkommenste Gast von allen, der goldene Friede, und mit ihm Freude und Gedeihen in das vielbedrängte Haus des Ahnherrn ein. Die vergrabenen Kleinodien und Schatzgelder wurden aus dem Keller geholt, Gärten und Felder mit neuem Fleiß und Eifer bestellt. Statt fremden Kriegsvolks rückten jetzt als fröhliche Einquartierung die studierenden Söhne des Hauses mit einem Geleit flotter Kameraden ein, die alle im gastlichen Haus willkommen waren.

Dazwischen kamen kleine und große Herzensangelegenheiten der aufgeblühten Töchter, die nicht so tragisch endeten wie der stille Herzenstraum der Mutter. Die Söhne gingen ihren Weg, erstarkend in eigener Kraft, und der Ahnherr erlebte noch die Freude, sich als Gast des eigenen Sohnes zu sehen.

Witwenstand und Tod

Der Tod ihres Mannes, der mit sechzig Jahren starb, war der Wendepunkt im Leben der Ahnfrau; ob auch ihre innere Jugend, ihr lebensvoller Geist sich nach langer und tiefer Trauer wieder aufrichtete an den Freuden und Pflichten der Mutter: es war doch nicht mehr das volle Tageslicht, es war eine friedliche Dämmerung, in der ihr langes und reiches Leben nun verfloß.

Die wohlerzogenen stattlichen Töchter ließ sie ziehen an der Hand der Erwählten, um den eigenen Herd zu gründen; sie durfte ihr Witwenstübchen schmücken, um die blühenden Bräute der Söhne zu empfangen. In jeder Gegend des Landes, im Neckartal, auf der rauhen Alb, in der Residenz, in abgelegenen Pfarrdörfern stand da oder dort ein eigen

Haus für sie, ein Haus, in das sie ihre lakonischen Briefe, ihre Grüße, ihre Ratschläge sandte, wo sie verweilte mit ihrer Liebe, ihren Sorgen, mit Mitleiden oder Freude.

Sie selber ist allein geblieben, allein mit ihren Erinnerungen, ihrer geistigen Kraft und Regsamkeit. Das große stattliche Haus diente andern Zwecken, andre Bewohner gingen ein und aus. Sie zog sich mit einer alten Dienerin in ein bescheidenes Quartier zurück, das aber trotz seiner Mansardenwände, an denen die Bilder auf ergötzliche Weise in der Luft baumelten, mit seinen Familiengemälden, der wunderlich gestalteten Spieluhr, den mannigfachen Geräten aus alter Zeit: Tresoren, Taburetten und Gueridonen, eine äußerst gemütliche, unterhaltende Heimat für jung und alt war.

Ihr stilles Leben war darum kein einförmiges. Der behagliche Wohlstand, die Frucht des Fleißes und der Sparsamkeit ihrer jungen Jahre, machte ihr möglich, vielen zu dienen und zu helfen. Eingewachsen in alle Verhältnisse des Städtchens, das ihre einzige Heimat war, ja in der ganzen Gegend wurde sie für Hohe und Niedere eine treue Ratgeberin.

Da kam einmal die alte Jungfer Kiliane aus der Nachbarschaft, um sich in einer Magdangelegenheit zu besprechen. Dann kam der reiche Bauer Geiger vom nächsten Dorf: »Jetzt, Frau Syndikussin, muß ich Sie auch um einen guten Rat fragen. Mein großer Bub will heiraten.« – »Nun, Geiger, das ist kein Unrecht, ich glaube Euer großer Bub ist dreißig Jahre alt.« – »Ja, aber 's Mädle hat nix.« – »Gar nichts?« – »Ha, das heißt nicht viel.« – »Ist sie aber brav?« – »Grundbrav und fleißig, aber wir wollen's nicht leiden.« – »Aber wenn sie so brav ist, wird's besser sein als viel Geld.« Nachdem die Ahnfrau lange die schönsten und bündigsten Beweisgründe aufgeboten hatte, um den hartnäckigen Vater umzustimmen, begann dieser wieder: »'s wär alles recht, Frau, 's hat aber nur noch *einen* Haken.« – »Ja und der wär?« – »'s Mädle will net, sie nimmt einen andern.« – »Er

dummer Geiger, was läßt Er mich dann so lange schwatzen?«
Nicht immer war der gute Rat der Frau Syndikussin so vergebens aufgewandt, und wo Fremde sein nicht bedurften, da gab's in der eigenen Familie Gelegenheit genug. Briefe kamen vom Ober- und Unterland mit Botschaften, wie da ein Urenkelein geboren, dort ein Enkelsohn konfirmiert, hier eine Enkelin Braut geworden, und die freigebige Hand der Ahnfrau durfte nicht ruhen. Wie ein Speditionshaus sah vor Weihnachten ihre Wohnung aus, bis all die zahlreichen Schachteln und Schächtelchen ausgesandt und alle bedacht waren, die Enkel mit Backwerk und blanken Talern, die Söhne mit auserlesenem Kirschengeist, die Sohnsfrauen und Töchter mit feinem Flachs.
Dann kamen wieder Danksagungsbriefe, Neujahrs- und Geburtstagsgratulationen, zierliche Karmina von den Enkelsöhnen, die sie, dankbar für den guten Willen, meist ungelesen beiseite legte und honorierte, schöne Handarbeiten der Enkeltöchter, mit denen aber die gute Ahnfrau nicht so recht wußte, wie sie dran war, denn in ihrer Zeit waren sie noch nicht im Schwang. So begegnete es ihr, daß sie einen gestickten Schemel als Zierat auf die hohe Kommode stellte, einen niedlichen Fußsack, der sie hätte im Winter warm halten sollen, als Bildnis an die Wand hing und einen Tischteppich, der ihr gar zu schön zu diesem Zweck erschien, als Schal umnahm. Sie selbst lachte am herzlichsten, wenn sich der Irrtum herausstellte.
Auch kamen als noch frischere Lebenszeichen die Kinder selbst und brachten ihre Freuden und Sorgen zu der stets heiteren, stets geschäftigen Ahnfrau, und die Besuche waren, wenngleich eine Freude, so doch auch eine gewaltige Unruhe für die alte Frau, die auf Ehre und Reputation hielt und namentlich vor den Sohnsfrauen gern ihre Kochkunst in vollstem Glanz zeigte, zu welchem Ende denn auch stets in solchen Zeiten ein aufgeschlagenes Kochbuch auf ihrem Nachttisch bereit lag.

Der Ahnfrau war ein volles, befriedigtes Dasein beschieden gewesen, und so viel Liebes das Leben für sie hatte, so war doch keine Spur von der krankhaften Lebensliebe bei ihr, wie sie oft alten Leuten innewohnt. Sie hatte sich nie weichlich abgewandt von den bitteren Tropfen in ihrem Lebensbecher, darum blieb ihr die Bitterkeit nicht erst auf die Hefe erspart. Wie sie klaren Blickes ins Leben gesehen, so blickte sie ruhig dem Tod ins Auge. Sie hatte neben allem Wirken und Sorgen des Lebens ihr Herz lange heimisch gemacht in dem Lande, zu dem er sie führen sollte.

Von treuen Händen gepflegt, segnend und gesegnet, starb sie, ohne die Leiden eines langen Lagers erfahren zu müssen. »Aus Gnaden seid ihr selig worden« war der Spruch, den sie sich als Leichentext ausgebeten hatte.

Das fürstliche Schloß

Von dem Schloß in Kirchheim unter der Teck ist in architektonischer Beziehung nicht viel zu berichten: es hat weder die anmutige Eleganz neuer, noch die feierliche Pracht oder den märchenhaften Zauber alter Schlösser. Nur die hohen Kastanien, die schattigen Gänge des Schloßgartens sind von einem poetischen Hauch durchweht. Es zeigt so eine Art von Zopfstil, obwohl seine Erbauung eigentlich noch vor die Zopfperiode fällt. Auch die historischen Notizen über seine Erbauer und Bewohner will ich vaterländischen Chronisten überlassen. Zu der Zeit, aus welcher meine Bilder genommen sind, war es Witwensitz und bewohnt von der Herzogin Franziska*, Herzog Karls Witwe, dem Mittelpunkt, der

* Reichsgräfin von Hohenheim (1748–1811), geb. von Bernardin; Herzog Karl Eugen von Württemberg (1728–1793) hatte sie 1785 geheiratet, ein Jahr später wurde die Ehe öffentlich anerkannt.

Sonne des Städtchens. Eine müde Sonne war es nun freilich, nahe am Untergehen; gerade darum aber ließ sich's leichter hineinschauen, und kein Auge konnte geblendet, keines verletzt werden von dem höchst bescheidenen Glanze, der sie umgab.

Das Leben dieser Frau gehört der Geschichte Schwabens an, und ihre romantische Jugendgeschichte ist schon vielfach zum Thema für Dichter und Schriftsteller geworden, darum möge sie hier ruhen. Sie hatte den Glanz ihrer früheren Jahre teuer erkauft mit schweren inneren Kämpfen und – mit Vaterfluch. Ihr Vater war ein alter, ehrenfester Edelmann, dem in sehr gesunkenen Verhältnissen seine ritterliche Ehre der letzte Schild und Trost war. Er hatte es für keinen Flecken dieser Ritterehre gehalten, seine Tochter, als Opfer dieser Verhältnisse, in blühender Jugend einem rohen Gatten ** hinzugeben; aber daß sie gewagt, selbst ihre Bande zu lösen, daß sie die Freundin ihres Fürsten geworden, noch ehe sie seine Gemahlin ward vor Gott und der Welt – das konnte er ihr bis in seinen Tod nicht vergeben. Erst nach demselben war es der Mutter vergönnt, ihr geliebtes Kind zu besuchen, und auch sie hatte solches Grauen vor dem Weg, auf dem ihre Tochter zu dieser Höhe gestiegen war, daß sie nie mit den Titeln von ihr sprach, die ihr nun mit Recht zustanden, nie von den Vorrechten ihres hohen Standes, der fürstlichen Equipage und dergleichen Gebrauch machte. Sie kam nie anders als in einer einfachen Mietkutsche zu ihrer Tochter, so daß einmal der Kutscher, als der Herzog mit glänzendem Gefolge vorüberritt, diesem zutraulich zurief: »Euer Durchlaucht, d' Schwieger hab ich gestern gut heimbracht.«

Doch, wie gesagt, die Jugendgeschichte der Herzogin mit ihren Licht- und Schattenseiten möge hier ruhen. In Kirchheim war sie nur die wohltätige Fee des Städtchens, hier gedachte man ihrer nur als des guten Engels ihres Landes und ihres Gatten, der Gefährtin seiner besten Lebens-

** Freiherr von Leutrum; 1772 wurde die Ehe gelöst.

periode; hier verlebte sie im stillen den Rest ihrer Tage, »eine rechte Witwe«, in stetem, treuem Andenken an ihren geliebten Herrn.

So wenig ihr aber auch von dem Lärm und Pomp geblieben war, der die Tage ihres Glanzes umgaben, ein Hof mußte dennoch gehalten werden. Die steifen Formen ihrer Zeit waren ihr so sehr zur andern Natur geworden, daß sie sich nimmer ohne dieselben bewegen konnte; auch mochte es ihr wohl tun, sich bis zu ihrem Tod unverändert in der würdevollen Stellung zu erhalten, in der nicht ihr Stolz nur, nein auch ihr innerstes weibliches Gefühl allein wieder seine Befriedigung gefunden hatte. So ging sie nie zu Fuß in das Städtchen. Aber sie fuhr täglich aus, gezogen von vier Schimmeln von so ehrwürdigem Alter, daß ihnen die gegenseitige Assistenz wohl zu gönnen war, und die, obwohl sie ihrer vier waren, so sachte trabten, daß der Läufer, der stets dem Wagen vorausging, sich nie außer Atem rennen mußte und ganz fett wurde bei seinem beweglichen Metier.

Selbst die Ergüsse ihrer liebsten Herzensneigungen waren in das Zwangsmieder fürstlicher Würde eingezwängt. So war sie eine große, herzliche Kinderfreundin; nicht aber, daß sie je in ein Haus gekommen wäre, wo sich ein munteres Völkchen tummelte, oder daß sie auf der Straße ein hübsches Kind abgeküßt hätte! Sie ging, wie gesagt, nie zu Fuß aus. Sie ließ die Kleinen zu sich bescheiden, und ein Fest war es für die Kinderwelt, wenn der galonnierte Hoflakai in sämtlichen Honoratiorenhäusern die Runde machte, um die Söhne und Töchter ins Schloß einzuladen. Da wurde denn der beste Putz hervorgesucht, um die hoffnungsvolle Jugend nach Kräften hoffähig zu machen. Im Schlosse angekommen, schritten sie in regelrechtem Zug unter ehrfurchtsvollen Schauern durch den langen Korridor und die Vorzimmer bis in das innere Gemach, das ihnen als Inbegriff aller Herrlichkeit erschien, wo die Frau Herzogin im grauseidenen Kleide saß. Sie trug seit ihres Gemahls Tod nie andre als schwarze oder graue Gewänder.

Sie war eine freundliche kleine Frau von anmutigem Benehmen. Von den Reizen ihrer Jugend zeigten sich wenige Spuren mehr, nur die blonden Löckchen unter der Witwenhaube trugen noch die schöne Farbe der reichen Flechten, die einst zu den Hauptzierden der jugendlichen Schönheit gehört hatten. Den Kindern war die Hofetikette streng eingeschärft worden, zuerst nach dem Kleid der Dame zu greifen, um es zu küssen, was diese dann eilig durch einen Kuß auf den Mund des kleinen Höflings verhinderte. Nun besah sie sich die Kinder der Reihe nach und sprach mit jedem ein paar freundliche Worte, die jene auswendig wußten: »Ei, wie du gewachsen bist!« – »Ist deine Mutter gesund?« etc. Dann aber gab sie ihrer Kammerfrau einen Wink, worauf diese sich entfernte und ein Kästchen mit vielen Fächern der durchlauchtigen Dame überbrachte. Das war der große Augenblick, auf den sich die Kinder leise mit ahnungsvollem Nicken aufmerksam machten. Nun beschenkte die Fürstin sie der Reihe nach mit allerlei zierlichen Kleinigkeiten: vergoldeten Ringlein, Herzchen zum Anhängen, Ohrglöckchen und dergleichen, die mit verlegen gestammeltem Dank angenommen wurden. Die Hand der Geberin verlieh den an sich unbedeutenden Sachen den höchsten Wert in den Augen der Kinder, die sich sodann nach ehrfurchtsvoller Verbeugung wieder in Reih und Glied entfernten und der lang eingedämmten Jugendlust in dem schönen schattigen Schloßgarten freien Lauf ließen. Solche Einladungen erfolgten mehrmals im Jahr, unfehlbar aber um Ostern, wo die etwas reicheren Gaben im Schloßgarten versteckt und von den Kindern gesucht wurden.

Sämtliche Frauen des Städtchens wurden von Zeit zu Zeit zur Kaffeevisite geladen. Auch hier ging es ziemlich zeremoniös her. Die Frauen saßen im Kreis um das Sofa der Frau Herzogin und tranken Kaffee aus kleinen Meißner Tassen. Die Unterhaltung bestand meist aus durchlauchtigen Fragen und untertänigen Antworten, falls nicht hie und da die Herzogin etwas mehr in Fluß kam, wenn sie von ihrem seligen Herrn erzählte. Endlich erhob sich die Dame mit höflichen Worten zum Zeichen der Entlassung. So ein Galatag war aber eine große Begebenheit. Meine Großmutter* hatte sich eigens dazu ein seidenes Band mit Gold gestickt gekauft und steckte den kolossalen Ring mit des Großvaters Bildnis an, der ihre halbe Hand bedeckte.

Die Männer wurden hin und wieder zur fürstlichen Mittagstafel gezogen. Solche Einladungen waren dem Großvater** kein absonderliches Vergnügen. Obgleich er in angestammtem Respekt vor hohen Standespersonen auferzogen war und es ihm nicht einfiel, der Fürstin absichtlich etwas von der schuldigen Ehrerbietung zu entziehen, so konnte er sich doch sein Lebtag in die steifen Hofsitten nicht finden. Seine Formlosigkeit gereichte manchmal dem Hofpersonal zu geheimem Entsetzen, der Durchlaucht aber zu herzlichem Ergötzen. Die Einladungen zum Diner kamen meist spät, und so traf sich's, daß der Großvater einmal vom eigenen Mittagstisch weg sich in den Staatsfrack werfen mußte, um an der Tafel zu erscheinen. Er aß wenig, da die französische Küche ohnehin nicht nach seinem Geschmack war. »Warum speisen Sie so wenig, Herr Klosterhofmeister?« fragte besorgt die Herzogin über die Tafel herüber. »Mag nichts mehr, Euer Durchlaucht, hab schon daheim Leberknöpf gegessen.« Ein andermal, als bei einer Morgenaufwartung wie gewöhnlich fremder Wein in kleinen Kelchen serviert wurde, nahm er keinen an. »Herr Klosterhofmeister, warum trinken Sie nicht?« fragte die höfliche Herrin. »Euer Durchlaucht, die Dinger da sind so klein. Ich fürchte, das Kelchle schlupft mit nunter!« Von nun an bekam er ein größeres Glas.

Zahlreich waren die adligen Familien, die diesem Reste eines Hofs nachzogen, von den stattlichen Kavalieren, den ehr-

* mütterlicherseits: Maria Dorothea Scholl, geb. Müller (1767–1817); sie ist eine Tochter der »Urgroßmutter«.

** Christian Friedrich Scholl (1757–1837). Klostervogt in Kirchheim, später Kameralverwalter in Marbach.

würdigen Hofdamen uralten Geschlechts an bis hinab zu etlichen obskuren gnädigen Frauen, die an hungrigem Vornehmtun den herabgekommenen Raubadel in Spindlers »Juden« noch übertrafen, die von der Wohltätigkeit der Fürstin lebten und vor einer Fete bei Hof acht Tage lang zu flicken hatten. Durch diesen Adel, hohen und niederen, bekam die ganze Geselligkeit des Städtchens einen von andern Städten seiner Größe verschiedenen Anstrich; Teegesellschaften waren damals schon häufig, während man sonst im Land nur Tee trank, wenn man krank war. Die adligen Damen erließen Einladungen zu Soireen, deren Hauptunterhaltung im Spielen bestand, vom L'hombre bis hinab zu Mariage und Hopsen, also daß sogar die liebe Jugend sich mit den ausgedienten Karten und alten Spielmarken amüsierte. Diese Unsitte war nun freilich kein Gewinn für die bürgerlichen Tugenden der Stadt Kirchheim, wurde aber doch mit Maß betrieben. Hatte etwa eine der Hausfrauen einen Gulden verspielt, so war das schon großes Malheur und wurde durch vermehrte Sparsamkeit eingebracht. Ich habe auch nicht vernommen, daß unter der Jugend dieses Gift nachhaltig gewirkt hätte und daß aus den Stadtkindern von Kirchheim irgendein rasender Spieler hervorgegangen wäre.

Glänzende Feste, Bälle und dergleichen waren verbannt, wie sich's am Hof einer Witwe ziemt. Die einzige Abwechslung bestand in einer jährlichen Reise auf das Schloß zu S. zum Sommeraufenthalt, in den obenerwähnten Einladungen und abendlichen Spielpartien. So brachte der Hof in recht anständiger Langeweile seine Existenz hin; winters jedoch erschien meist eine Schauspielergesellschaft, die durch Aufführung Kotzebuescher Lustspiele und Ifflandscher Rührstücke das Publikum von Kirchheim höchlich ergötzte. Einmal verstiegen sie sich bis zum »Donauweibchen«, wo ein ungeheures Stück zusammengeklebtes Zuckerhutpapier, das auf der Bühne hin und her gezogen wurde, das Meer vorstellte.

Die Herrin war äußerst sanften Charakters, freundlich und nachsichtig gegen ihre Umgebung und dankbar für jede

»Attention«, die ihr in ihrer einsamen Lage zuteil wurde. Den Schauplatz ihrer glänzenden Vergangenheit hat sie nicht wieder besucht. So schloß sich ein reiches, vielgestaltiges Leben still, beinahe vergessen außerhalb des kleinen Kreises, in dem sich die gute Frau bewegte. Warum ihr nicht vergönnt war, sich an der Seite ihres seligen Herrn zur letzten Ruhe zu legen, weiß ich nicht; sie wurde mit fürstlichem Prunk in der alten Gruft zu Kirchheim beigesetzt, die für sie nach langen, langen Jahren zum erstenmal wieder eröffnet wurde. Das Schloß hat seine Bestimmung beibehalten, ein Sitz für vereinsamte Frauen hohen Standes zu sein, und auch die freundlichen Engel des Wohltuns und der Milde haben fortwährend ihre Heimat dort gefunden.

Der alte Frey

Die schönste Zierde der freundlich gelegenen kleinen Stadt Marbach bildet »der schimmernde Gürtel des Schwabenlandes«, der gute, heimische Neckarfluß. Ich glaube kaum, daß er sonst irgendwo auf kurzer Strecke so mannigfache und reizende Ansichten bietet wie hier. Einmal, an einer Biegung zwischen dunklem Weidengehölz, wo er nach der Volksmeinung so tief sein soll, »daß es über ein Haus hinaus ginge« (ein recht dehnbarer Begriff), gleicht er einem stillen, geheimnisvollen See, so unmerklich fließt er dahin, so unbewegt spiegelt sich das Ufergebüsch in seiner lautlosen Flut. Bald rauscht er fröhlich über helle Kieselsteine und schlingt sich um die schattige Nachtigalleninsel, wohin im Frühling die romantische Jugend rudert, um Veilchen zu pflücken und dem Philomelengesang zu lauschen, oder die schöne und vornehme Welt der nahen Garnisonsstadt Ludwigsburg auf buntbewimpelten Schiffen Lustfahrten macht.

Leiser zieht er vorüber an der grünen Bleichinsel, und gelbe Seerosen mit ihren saftigen Blättern decken das stille Gewässer. Dann fließt er wieder stolz hinaus ins offene Land und achtet nicht der stillen Murr, die durch eine gespenstische Brücke zwischen dunklen Weiden sachte herbeischleicht, um ihr trübes Wasser mit seinem klaren zu vereinen. Selbst da noch bleibt er schön, wo er als Kanal durch Menschenhände für praktische Zwecke in Anspruch genommen ist: silberschäumend stürzt er sich eine künstliche Schleuse hinab, durch die der Horkheimer Schiffer seinen bescheidenen Kauffahrer und der »Jokele« sein Floß schwellt. Und wie belebt ist sein Gewässer zur Sommerzeit! Nicht nur durch die stattlichen Enten- und Gänseherden des Müllers, sondern auch durch das lustige Völkchen der »Wasserkinder«, die Sprößlinge der umwohnenden Fabrikarbeiter und Müller, ein fröhliches Nereidengeschlecht, das den ganzen lieben Tag aller überflüssigen Hülle beraubt im Wasser plätschert oder im Uferkies spielt, wenn sie nicht als ungebetene Hilfe das rastlose Schiff des Fährmanns schieben und zum Schreck seiner Passagiere in ihrem Naturzustand unter die anständige Menschheit hineinhüpfen.
Oh, ich könnte tagelang erzählen von den Schönheiten meines heimatlichen Neckars, zu Nutz und Frommen all derer, die nicht Zeit und Geld haben, eine Rheinreise zu unternehmen. Das war nun aber zunächst nicht meine Absicht, zumal wir gegenwärtig gar reich sind an Naturstudien.
Wenn man vom Neckarstrand aufsieht zu dem grünen Rebenhügel, von dem das Städtchen über seine altersgrauen Mauern hinunterblickt, so fällt einem ein hübsches stattliches Haus in die Augen, das sich außerhalb der Mauer an diese anlehnt und zwischen Traubengeländern und Obstbäumen gar einladend aussieht. Daneben hat es etwas Geheimnisvolles, denn man sieht nirgends einen Eingang; erst seitwärts erblickt man eine Tür, die über einen gepflasterten Hofraum ins Haus führt, was ihm ein fast orientalisches Ansehen gibt.

Der Eigentümer dieses wohlumschlossenen Besitztums hauste zur Zeit, als ich ihn kannte, fast ganz abgeschieden, ohne Verkehr mit der Außenwelt, in seinem Hause und Garten, ein rüstiger Greis mit einem rötlichen, stark markierten Gesicht, der seine geistige und körperliche Frische aus manchem Strudel gerettet, an dem minder kräftige Naturen gescheitert wären.

Er wollte nicht mehr viel von der Welt hören, der alte Frey, er hatte sie gründlich satt bekommen! Nur wenigen, bei denen er noch an aufrichtiges Wohlmeinen glaubte, stand seine Pforte gastlich offen. Unter diese wenigen gehörte mein Vater*, und zwischen ihm und dem alten Frey fand ein steter Austausch kleiner Aufmerksamkeiten und Freundlichkeiten statt, bei dem wir Kinder bereitwillig das Botenamt übernahmen. Bald schickte der alte Frey selbstgezüchtete, schöngefiederte Kapaune, die mit einem Gegengeschenk von uraltem Kirschengeist vergolten wurden, dann wieder köstliche Trauben, auf die ihm der Vater seltene Obstsorten mit wunderbarlichen Namen: Götterapfel aus der Moldau, rosenfarbener Sommertaubenapfel etc. als Gegengruß sandte, oder kam zur Weihnachtszeit auserlesenes Hutzelbrot, das Herr Frey eigenhändig verfertigt hatte und zu dessen Erwiderung die Mutter eine Pastete fabrizieren mußte.

Für uns fiel dann stets ein reicher Botenlohn an Leckerbissen aller Art ab; namentlich erinnere ich mich eines schönen Morgens, an dem wir beschlossen, den Tag über zu fasten, um uns in der Enthaltsamkeit zu üben, wie in Campes »Robinson« geschrieben steht, wo aber diese edlen Vorsätze elendiglich untergingen an den Regensburger Striezeln und Nürnberger Kringeln, die uns der alte Frey verehrt hatte. Gar manchmal hat uns auf dem Heimweg vom Neckarbad ein freundlicher Ruf in seinen Garten gelockt zur freien

* Gottlob Christian Rooschüz (1785–1847, Oberamtsrichter in Marbach; er heiratete 1816 Eleonore Scholl (1796–1874), eine Tochter des Klostervogts im »Fürstlichen Schloß«.

Weide unter den Johannis- und Stachelbeeren. Die Kindheit, leichtherzig und vergeßlich, wie sie scheint, bewahrt doch solche Guttaten in treuem Gedächtnis; darum sind die wohlfeilen Freundlichkeiten, die ein Kinderherz erfreuen, gewiß nicht in Sand gesät.

Der alte Frey hatte nicht jederzeit so abgeschlossen in seiner Feste gehaust, nicht immer seine Freundlichkeit auf so wenige beschränkt. Es gab eine Zeit, wo die grünen Hügel um seinen Weinberg her widerhallten von dem Gekrach der Herbstschüsse, von dem Jubel fröhlicher Zecher, wo die Fluten des Neckars rot erglänzten von den Raketen und Feuerkugeln, die bei seinen Herbstfesten emporstiegen, wo man Champagner aus Schoppengläsern trank und die Holderküchlein gebacken am Baume hingen, wo der alte Frey, damals in Fülle der Manneskraft, mit fürstlichem Übermut Geldmünzen unter die balgende Straßenjugend warf.

Solche Zeiten übersprudelnder Lebenslust und stürmischer Gastlichkeit pflegen wohl am leichtesten zu der salomonischen Weisheit zu führen: »Alles ist eitel«, und mehr als ein Timon ist aus solch teurer Schule hervorgegangen.

Wer aber war denn der alte Frey, und woher stammte der Reichtum, den er mit so vollen Händen um sich warf? In den Augen des Volkes gibt ein schnell erworbener Besitz häufig ein dämonisches Ansehen, und so hörte man allerlei geheimnisvolles Geflüster über ihn, solange er noch in der Fülle seines Wohllebens war. Unheimliche Gerüchte liefen um über die Quelle seines Reichtums, zumal da man behauptete, er glaube an keinen Gott und keinen Teufel; man sehe ihn nachts wie wütend in seinem Garten umherrasen, er habe seine Seele den Mächten der Finsternis verschrieben um Geld und Gut, auch verstehe er zu »knüpfen«, das heißt den Fall der Würfel im Spiele zu lenken. Ja, auch das Geheimnis, das den Tod seiner ersten Frau deckte, sollte eine dunkle Tat verhüllen – man flüsterte davon, er habe sie in einem Wutanfall mit der Papierschere erstochen.

Wir aber wollen diese Geheimnisse ruhen lassen und uns an

die Wirklichkeit halten. Der Frey war kein Engländer und kein indischer Nabob, er war sozusagen »nicht weit her«, ein Kind unserer Stadt. Aber von erlauchtem Geschlecht war er doch, wenngleich nur eines schlichten Bäckers Sohn. Der erste Dichter des Schwabenlandes, Friedrich Schiller, der Ruhm und Glanz der kleinen Stadt, war sein leiblicher Vetter; ja, Freys Mutter hatte eine Zeitlang den Kleinen der Frau Hauptmann Schiller, ihrer Base, mit ihrem eigenen Knaben zugleich gestillt, und so hatte Frey dieselbe Muttermilch mit ihm getrunken. Und er war stolz auf diese glorreiche Verwandtschaft, ja er rühmte sich selbst eines Funkens von dem Dichtergeiste seines großen Milchbruders. Davon zeugten einige poetische Inschriften, die da und dort an Bäumen und auf Steinen in seinem Garten angebracht waren; ich glaube aber seinem Dichterruhme mehr zu nützen, wenn ich der Phantasie des Lesers überlasse, sich diese Verse selbst vorzudichten, als wenn ich sie anführe.

Vor langen Jahren war der Frey als ein rüstiger Bäckergesell in die Welt hinausgewandert, ein rasches, heißes, junges Blut und ein heller Kopf; es ging Wien zu, dem Athen der Bäcker. Wie es ihm in der Fremde ergangen, das kann ich im Detail nicht erzählen, aus dem einfachen und häufigen Grund: »i weiß aa nit«. Er kam in die stürmische Periode der Kriege mit Frankreich, und wenn er sich nicht als Krieger ins Schlachtgetümmel stürzte, so gelangte er doch dazu, sich selbst und dem Vaterlande zu dienen als Proviantkommissär.

Die Sage verlautet nicht, daß er jemals persönlichen Anteil am Kampf genommen, zum Pulverriechen kam er jedenfalls. Der Glanzpunkt seiner Erinnerungen war, wie er einmal ganz in der Nähe des Generals Wurmser* eine Talschlucht hinabgeritten, in einen Grund, wo das österreichische Heer sich aufstellen sollte. Mit dem praktischen Scharfblick, der

* Dagobert S. Graf von Wurmser (1724–1797); 1793 und 1795/96 hatte er den Oberbefehl über das österreichische Heer am Oberrhein.

ihm überall eigen war, sah er bald, wie höchst unsicher die Position da unten werden würde. Er teilte die Bemerkung leise einem Subalternoffizier mit, der hieß ihn schweigen; er wagte sich an den Adjutanten: »Was Donnerwetter will so ein Mehlwurm wissen!« schnauzte der ihn an; da faßte er sich ein Herz und ritt an den General heran: »Aber Herr, so gehen wir alle zum Teufel!« Der schaute ihn mit großen Augen an, fluchte aber nicht. Nach einer Weile ließ er halten und untersuchte mit dem Fernrohr nochmals das Terrain. »Und Gott straf mich, er hat's geändert!« rief der alte Frey im höchsten Triumph, »weiß Gott, wir wären alle zum Teufel gegangen!«

Mit einem Orden ist trotz dieses Verdienstes der Frey nicht heimgekehrt, wohl aber mit Errungenschaften von materiellem Wert.

Eine geraume Zeit war verstrichen, seit der muntere junge Bäckerknecht in die Fremde gezogen, als eines Tages in das alte Städtchen ein stattlicher, wohlgekleideter Herr einfuhr, in dem wenige den Frey erkannt hätten. Er zeigte sich bald als der alte joviale Bursche, freundlich und treuherzig gegen alte Jugendgenossen; aber seine Lebhaftigkeit hatte sich zur Heftigkeit gesteigert, und eine eigentümliche innere Unruhe schien ihn zu rastloser Beweglichkeit zu treiben. Er nahm das Erbe seiner Väter in Besitz, führte einen neuen Bau dazu auf, vergrößerte Garten und Weinberg und begann nun ein Leben herrlich und in Freuden, wie das des reichen Mannes im Evangelium.

Das Gerücht von dem Bäcker, der als Millionär aus der Fremde gekommen, verbreitete sich mit reißender Schnelle in der Gegend, und der Frey durfte nicht verlegen sein, wie er's angreifen wolle, ein Haus zu machen; Gäste und Besuche von nah und fern kamen dieser Absicht freundlichst entgegen. Ob's just eine Million war, die er erworben, wollen wir nicht behaupten, doch wäre ein gewöhnlicher Wohlstand in wenigen Wochen aufgezehrt worden von dem Leben und Treiben, wie er's daheim führte.

Zum alten Handwerk wollte er nicht mehr zurück, obwohl er als Ehrenbezeigung zum Obermeister der Zunft ernannt wurde und das Geschäft, das er so gut verstand, zum Privatvergnügen bis zu seinem Tode mit Lust und Liebe getrieben hat. Zu wissenschaftlichen Beschäftigungen befähigte ihn weder seine frühere Laufbahn und Erziehung, noch seine stürmische Natur, und so wurde er bald in Kreise getrieben, die seinen Durst nach Lebensgenuß und sein hingebendes, offenes Wesen noch mißbrauchten und steigerten.

Da der Frey seinen Reichtum beim Militär und durch das Militär erworben, so schienen die Krieger der nahen Garnisonsstadt sich verpflichtet, die Nemesis zu spielen und ihm denselben verjubeln zu helfen. Seit Menschengedenken war's in keinem Hause zu Marbach so in Saus und Braus hergegangen, wie nun unter dem Dache des Frey. Zu Fuß, zu Roß und zu Wagen besuchten ihn seine kriegerischen Freunde bald mit einem Pferde, bald mit einem Hunde, die zu verhandeln waren, bald zu einer Spielpartie, bald zu einem Schmaus ohne Titel. In den Zwischenzeiten fuhr oder ritt Frey nach Ludwigsburg und bewirtete sie dort im Gasthof. Der Dämon der Spielwut faßte ihn mit festen Krallen und hätte wohl seinem Reichtum ein schnelles Ende gemacht, wenn er nicht wirklich mit fabelhaftem Glück gespielt hätte, was ihn, wie schon gesagt, in den Verdacht magischer Spielkünste brachte und einmal fast zu einem tragischen Schluß geführt hätte.

Ein reicher Wirt der Gegend hatte bis tief in die Nacht mit ihm gespielt und furchtbar verloren. Wütend über Frey, dem er die Schuld dafür beimaß, führte er auf diesen, der arglos neben ihm stand, als er zum Heimritt aufstieg, einen gewaltigen Hieb mit der Reitgerte: »Du, das gehört auch noch dir!« und ritt im Galopp davon. Der Frey aber war nicht der Mann, der sich das bieten ließ: er riß einem dabeistehenden Offizier den Säbel aus der Scheide und rannte dem Wirt nach, mit so wütender Hast, daß er nur mit äußerster Mühe eingeholt und abgehalten werden konnte, sich tot zu rennen.

In den Augen des Volkes galt er, wie ich schon erwähnte, für eine Art von Doktor Faust und sein Reichtum für eine Gabe finsterer Geister, und viele schüttelten bedenklich den Kopf, wenn der Jubel und Trubel aus seinem Hause und Weinberge herüberdrang. Minder übernatürliche Vermutungen schien man in Wien über den Ursprung seines Besitzes zu haben: das Militärgouvernement, das es für ein ausschließlich soldatisches Vorrecht hielt, aus Kriegszeiten Vorteil zu ziehen, beschied ihn nebst einigen andern ehemaligen Proviantkommissären vor eine Untersuchungskommission nach Wien. Sie waren aber alle gar nicht neugierig zu wissen, was man ihnen dort mitzuteilen habe, und sind samt und sonders ungehorsamlich ausgeblieben.

»Der Krug geht so lange zu Wasser, bis er bricht.« Geht er zu Wein, so mag's wohl noch rascher mit dem Brechen gehen. Ob dem Frey plötzlich oder allmählich die Augen darüber aufgingen, daß er auf dem Wege zu gänzlichem Ruin an Leib und Seele sei, das ist mir unbekannt. Aber aufgegangen sind sie ihm, und mit all der Energie seiner starken Natur entschloß er sich, mit seiner bisherigen Lebensweise ganz und gar zu brechen, und er tat es rasch, entschieden, solange es noch Zeit war, recht anständige Trümmer seines Vermögens zu retten.

Mit den Herbstfesten und Champagnermahlzeiten, mit der gefüllten Spielbörse und den durchjubelten Nächten schwanden auch die Tafelfreunde, schwand sein fröhlicher Mut und sein Glaube an aufrichtige Freundschaft; er zog sich zurück in seine Feste und ward nur noch selten außerhalb seines Gartens erblickt.

Einer sprudelnden sanguinischen Natur wie der seinen war ein verhältnismäßig doch rascher Glückswechsel nicht gut gewesen. Er hatte ein wildes, fast wüstes Leben und Treiben geführt, und sein gutes Weib, die zweite Frau, die aus der Stelle einer Haushälterin zu dieser Würde avanciert war, hatte oft schwer unter seiner Heftigkeit zu leiden. Aber ein guter Grund seines Wesens: Offenheit, Freigebigkeit, männliche Geradeheit und bürgerliche Ehrenhaftigkeit war ihm auch während des Strudels seiner wilden Periode eigen geblieben.

In Stille und Zurückgezogenheit, unter dem Einfluß der milden, schönen Natur, die ihn umgab, so oft allein mit den Gedanken, »die sich untereinander verklagen und entschuldigen«, hat sich wohl ein andrer Geist Bahn gebrochen in seinem Herzen. Im Äußern ist er der alte geblieben, lebendig, auch wohl heftig, frisch und kräftig, aber dennoch war's ein andres geworden mit ihm.

Wenn er die wenigen Freunde, für die seine Burg noch offen war, mit der natürlichen Herzlichkeit seines Wesens und der zeremoniösen Höflichkeit der alten Zeit willkommen hieß, wenn er Kinder herbeirief und beschenkte, oder wenn er mit seinem noch frischen, ausdrucksvollen Gesicht einsam in seinem Garten saß und herunterblickte auf den blauen Neckar: da sah er aus wie einer, dem seine Bürde vom Herzen genommen ist.

Allein mit seinem guten Weibe, die er neben seinen ausgelassenen Freunden oft mit geringschätzigem Übermut behandelt, wandte sich jetzt sein Herz wieder mehr ihr und der alten Einfachheit der Sitten zu, in der er aufgewachsen war. Ehrbar und demütig, wie in jungen Jahren mit Vater und Mutter, besuchte er Kirche und Abendmahl mit ihr und betete regelmäßig mit lauter Stimme den Morgen- und Abendsegen.

Es war an einem sonnigen Tag des Spätherbstes, als mein Vater einmal wieder seinen alljährlichen Besuch beim alten Frey machte. Das Beste, was sein Haus vermochte, schmackhafte Fische und edler Wein, wurden in der Rebenlaube im Garten aufgetragen, und heiter wie immer, wenn auch allmählich gebeugt unter der Last der Jahre, saß der alte Mann neben seinem Gast.

»Jetzt sitzen wir nimmer oft so beisammen«, sagte er mit heiterer Miene. »Ei, Sie sind ja noch rüstig wie ein Fünfziger«, meinte der Vater. »Herr, das ist Ihr Ernst nicht!

Aber Sie denken wohl: der alte Frey bleibt schon noch eine Weile sitzen, so ein alter halblahmer, blinder und geistesschwacher Kerl taugt doch nicht ins Himmelreich. Aber ich bin gewiß«, fuhr er mit erhobener Stimme fort, »der allmächtige Gott kann und wird mich einst verjüngen, und dann wird sich's zeigen, daß in dem alten Knorren doch noch ein gesundes Mark war.« Das war der letzte Besuch beim alten Frey gewesen.

In seinen Knabenjahren hatte der Frey einmal mit seinem berühmten Milchbruder in einem Kämmerlein geschlafen. Mit lauter, herzhafter Stimme, wie er's daheim gewöhnt war, verrichtete er seine Abendandacht. In seinen stillen Gedanken gestört, fuhr ihn Schiller an: »Dummer Esel, kannst denn du nicht leis beten?« – »Kann nichts leis tun!« war die lakonische Antwort des Frey, und da hatte er recht: leise ging's nicht her bei ihm, bis in seinen Tod nicht. In einer Nacht, nicht lange nach jenem Besuch des Vaters, weckte er seine Frau: »Alte, ich kann nicht schlafen, ich glaub, es ist Matthäi am letzten mit mir.« – »Um Gottes willen! Ich will ein Licht machen, zum Doktor springen!« – »Nichts, Alte, gar nichts, da bleibst! Jetzt sitz auf, wir wollen ein Lied singen.« In gewohntem Gehorsam richtete die Frau sich auf, und mit seinem kräftigen Baß stimmte der Alte das Lied an: »O Jerusalem, du schöne ...« Mit ungebrochener Stimme sang er es durch, begleitet von den etwas zitternden Tönen der Frau, dann legte er sich zurück: »So, jetzt schlaf wieder! Ich will auch schlafen.« Beruhigt durch seinen kräftigen Gesang legte sich die Frau an seiner Seite nieder. Als der helle Morgen anbrach, schlief er noch und ist nicht wieder aufgewacht.

Das war der alte Frey.

Möge der allmächtige Gott, dessen Auge besser als das unsrige das rechte Mark in dem alten Stamm erkannt, die zuversichtliche Hoffnung seiner letzten Tage erfüllt haben!

Getäuschte Königsnähe*

Ehre sei jedem, der da versteht, ein Fest, ein wirkliches frohes Fest in ansprechender Weise zu leiten und zu ordnen!
Einmal feierten wir ein Fest eigener Art, das ich »getäuschte Königsnähe« nennen möchte, wie jener Oberamtmann das Vergehen eines mutwilligen Burschen betitelt hat, der sich den Spaß machte, mit dem Ruf: »Der König kommt!« die ganze Bevölkerung eines Städtchens in Alarm zu bringen.
Es war im Jahr 1823, daß die Kunde erscholl, unser König Wilhelm werde mit seiner jungen Gemahlin Pauline und den beiden kleinen Prinzessinnen unser Städtchen [Marbach] mit einem Besuch beehren, zum erstenmal seit seiner Thronbesteigung.
Das war natürlich ein großes Ereignis für die kleine Stadt; wochenlang wurde beraten, wie die hohen Herrschaften würdig und feierlich genug empfangen werden könnten. Stadtgardisten, Feuerwehrkorps und dergleichen gab es dazumal noch nicht, wohl aber invalide Soldaten, die noch unter Kronprinz Wilhelm den Befreiungskrieg mitgemacht. Die sollten ausrücken und die singende Schuljugend ihnen folgen. Lauter weiß gekleidete Kinder waren nun freilich nicht aufzutreiben; da mußten's die Sonntagskleider von Kattun und Barchent in verschiedenen Farben und rosenfarbene Schürzen tun. Oberamtmanns Ida aber und meine Wenigkeit, wir sollten als echte Festlämmer, weiß gekleidet, mit Rosenkränzen dem Kinderzug vorangehen. Am Tag zuvor zog die Schuljugend hinaus, sammelte Kornblumen und flocht Kränze. Der »Manawel« [Immanuel], der einzige Friseur des Orts, mußte mein blondes Haar, das schlicht war von Natur, brennen, damit ich in schönem Lockenköpfchen erscheinen könne.

* Aus: Ottilie Wildermuths Leben. Nach ihren eigenen Aufzeichnungen zusammengestellt und ergänzt von Agnes Willms und Adelheid Wildermuth, Stuttgart o. J. (1888).

Bei dem Festgesang: »Heil unsrem König, Heil!«, den die Jugend anstimmen sollte, konnte ich mich nicht beteiligen, weil sich von früh an neben aller Freude am Gesang ein auffallender Mangel an Talent dazu bei mir zeigte; aber Ida und ich bekamen schöne Sträußchen von Rosenknospen in die Hand, die wir, wenn der Wagen anhielt, den kleinen Prinzessinnen überreichen sollten. Man unterrichtete mich, daß ich bei dieser Gelegenheit den Prinzeßlein die Hand küssen müsse. Es wollte mir, obschon ich sonst nicht rebellischer Natur bin, dabei nicht recht gefallen, daß ich kleinen Mädchen meines Alters diese Huldigung darbringen sollte. Doch waren meine Bedenken überflüssig.

Vormittags elf Uhr wurden die hohen Herrschaften erwartet. Die Väter der Stadt, Beamte, Geistliche, Veteranen, Lehrer und Schulkinder sollten sich auf dem Marktplatz vor dem Rathaus aufpflanzen. Während der Einfahrt hatten sämtliche Glocken zusammenzuläuten und mußte der Stadtzinkenist den Choral: »Lobe den Herren« vom Kirchturm herunterblasen.

Morgens acht Uhr lag die Staatsuniform meines Vaters mit goldgesticktem Kragen und den mit dem württembergischen Landeswappen verzierten Knöpfen samt dem nie gezogenen Staatsdegen schon bereit. Da stürzte mit schreckensblasser Miene der Amtsbote herein und rief atemlos: »Se kommet! Se kommet jetzt glei! Was fanget mer ah!«

In schnellster Eile schlüpfte Papa in die Uniform, deren Knöpfe noch in Papier gewickelt waren, wie meine blonden Härchen, fuhr barfuß in die Stiefel und stürzte aufs Rathaus, wo jedermann in beispielloser Verwirrung durcheinanderraste.

War alles zu spät! Der König hatte seinen Reiseplan geändert und war in aller Frühe gekommen. Aus Unkenntnis des Weges führte der Kutscher ihn durch das untere Stadttor, wo keine Seele ihn erwartete, während weiter oben die schönsten Ehrenpforten aufgerichtet waren. Eine ehrbare alte Witwe, »die alte Stadtschulzin«, war die einzige Untertanin,

die im Unterrock, das Sonntagskleid, nach dem sie in der Eile gegriffen, unter dem Arm, dem Wagen voranschritt und den Majestäten den Weg zeigte.
Am Rathaus aber fuhr der König doch vor und die Beamten hatten noch Gelegenheit, ihre Reverenz zu machen, wenn auch der Herr Oberamtmann in seiner Rede steckenblieb nach dem vielverheißenden Anfang: »Schön stieg heute die Sonne im Osten empor . . .«
Ich stand noch im Nachtkleidchen, mit halbaufgewickelten Haaren am Fenster, als die Majestäten vorüberfuhren. Aus eigenem Antrieb warf ich statt des schönen Rosenstraußes, den ich später hätte überreichen sollen, in der Eile eine blaue Tulpe hinunter, und zu meiner Freude fiel sie der Königin gerade in den Schoß. Die kleinen Prinzeßchen kamen gar nicht mit.
Im Gefühl, daß doch noch irgend etwas Festliches geschehen sollte, beschlossen wohlwollende Seelen, wenigstens uns Kindern eine Freude zu machen. Sämtliche Schuljugend, ohne Unterschied des Alters, Standes und Geschlechts, wurde am Nachmittag im Festschmuck in den großen Rathaussaal beschieden und dort bewirtet mit Eiermilch, Brezeln, Frühkirschen – alles zusammengetragen von freundlichen Honoratioren der Stadt. Auf des Vaters Veranlassung durften wir alle sogar zum Schluß noch mit unseren Lehrern spazierenfahren nach Ludwigsburg, wo man uns das schöne Schloß und die wunderbaren Anlagen zeigte. So ist selbst die *getäuschte* Königsnähe noch ein Glanzpunkt in unserer jugendlichen Erinnerung geblieben.

SCHWÄBISCHE PFARRHÄUSER

Ein Pfarrhaus – ist das nicht ein lieber, so recht schwäbischer Laut? Pfarrer gibt es zwar überall, noch weiter als »die deutsche Zunge klingt«, und sie werden auch anderwärts nicht in Höhlen wohnen; aber ich meine doch, die rechten, echten Pfarrhäuser seien nirgends daheim als in Schwaben.

Das Wort Pfarrhaus hat einen magischen Reiz. Das Haus braucht nicht modern, nicht großartig zu sein (wäre auch ein vergeblicher Wunsch), nur recht behaglich, mit einem Gärtchen davor und einem Rasenplatz dahinter, über den ein stiller, grüner Pfad zur Kirche führt; die Fenster mit Blumenstöcken geziert, durch die nachts ein trauliches Lampenlicht schimmert, bei dessen Schein der Pfarrer seiner Liebsten vorliest.

Nun haben freilich nicht alle Pfarrhäuser einen solch idyllischen Charakter, und wenn ich versuche, in einige einzuführen, so verdenke mir's niemand, wenn zwischen den Lichtseiten auch Schatten liegen! Das erste aber, das wir betreten, sei ein gutes und liebes, eines, das mir in dankbarer Erinnerung lebt, und wenn ich mich auf eine passende Bezeichnung dafür besinne, so nenne ich's am liebsten:

Das freundliche Pfarrhaus

Ein freundliches war es gewiß. Es ist schon so schön hellgelb angestrichen und steht hoch oben im Dorf, recht ausdrücklich, damit es weithin gesehen werde, um den zahlreichen Pilgern vom nahen Städtchen eine freundliche Aufnahme zu verheißen. Und wenn man über den begrasten Kirchhof schreitet, der, längst nimmer benützt, nur noch ein Tummelplatz ist für Kinder und Hühner, wie freundlich steht's da im reinlichen Hofraum, mit dem Nußbaum zur Rechten, der sich so dicht ans Haus anschließt, daß man seine Früchte vom Zimmer aus pflücken kann; mit dem Garten zur Linken, dessen Büsche und Bäume neugierig über die niedrigen Nebengebäude, die Stallungen für Hühner, herausgucken! Mit fröhlichem Gebell und zutraulichem Schweifwedeln sprang einem da Azor, der getreue Haushund, entgegen, ein wahrer Ausbund von Hund, ein garstiges Vieh zwar, aber höchst gastfreundlicher Natur, denn an jedem Besuch hüpfte er hoch empor aus lauter Vergnügen. Als Kinder konnten wir's ihm freilich nicht verzeihen, daß er Stachelbeeren fraß wie ein Mensch, sonst aber war er unser guter Freund. Armer Azor! Er mußte sein Leben lassen bei einer Hundemusterung, und hatte doch kein Unrecht auf seiner ehrlichen Hundeseele, als daß er acht Jahre alt war! Das wäre auch nicht geschehen, wenn wir dazumal schon Öffentlichkeit und Mündlichkeit gehabt hätten.

Aber wir können nicht im Hof stehenbleiben; treten wir in den Flur, der zum Ergötzen der Kinder mit einer Schaukel versehen ist. Da prangte als beständiger Willkomm noch ein kolossaler, prächtig gemalter Vers, von Tannenreis um-

Vorbild: August A. Tritschler in Benningen, Oberamt Marbach; seine Frau war eine geborene Hochstetter.

kränzt, mit dem der Pfarrer vor Jahren einst von seiner Gemeinde empfangen worden war:

Noch ehe er kam,
War sein Herz voll Huld uns zugetan;
Die Vorsehung schenkte uns ihn,
Und wir vereinigen uns heut mit ihm.

Nun aber die Treppe hinauf, wo uns oben schon der Hausfrau freundliche Stimme begrüßt, in die große wohnliche Stube, die vielerlei Zwecke in sich vereint, die Salon, Studierzimmer, Speisesaal und Audienzgemach zugleich war. Da stand die stattliche Gestalt des Pfarrherrn ans Fenster gelehnt, eingehüllt in eine bläuliche Rauchwolke, die von ihm ausging und über das ganze Zimmer ein angenehmes Düster ausgoß. Er war ein standhafter Raucher (leidenschaftlich würde zu seinem sonstigen geruhigen Wesen nicht passen); Priester und Altar zugleich dampfte er den lieben langen Tag, und nur ein einzigmal, in einer Stunde tiefsten Leides, sah ich sein Pfeifchen erloschen. Jetzt aber legt er's einen Augenblick beiseite, um mit lauter, voller Stimme seine Gäste zu begrüßen.

Und nun legt man die überflüssigen Hüllen ab und setzt sich recht gemütlich um den runden Tisch, und ich möchte wohl wissen, wem's da nicht behaglich geworden wäre. Man fühlte sich so recht geborgen aus allem Gewühl und Getreibe des Lebens draußen, und die einfache Bewirtung: Kaffee, Butter, Brot und Obst, ließ man sich jederzeit so trefflich schmekken, als ob man gerade nur zum Schmausen gekommen wäre. Es war kein Wunder, daß man sich so wohl fühlte, denn willkommen waren alle Gäste, junge und alte, zu jeder Zeit, zu jeder Stunde, und es gibt kein angenehmer erwärmendes Gefühl als das, ein gern gesehener Gast zu sein. Niemals durfte man mit der heimlichen Angst die Glocke am Haus ziehen, daß nun droben ein Tür-auf-und-zuschlagen, eine gedämpfte oder laute Küchenkonferenz angehe, bis die Pforte sich öffne. Ja sogar der Samstag, dieser Tag häuslicher Plage und Unbequemlichkeit, dieser herbe Durchgang zu der Ruhe des Sonntags, hatte im freundlichen Pfarrhaus seinen Stachel verloren, weshalb auch eben an diesem Tag die stärkste Wallfahrt dahin war. Und nicht nur bei hellem Tageslicht suchte man das freundliche Pfarrhaus heim, nein, auch die schönsten Mondscheinpartien wurden in klaren Winternächten dahin gemacht und ein warmer Tee nebst delikaten Apfelküchlein belohnte die späte Mühe.

Zu den übergeschäftigen Hausfrauen gehörte die Pfarrfrau nicht, obgleich sie die Finanzangelegenheiten des Hauses in aller Stille mit ruhiger Umsicht verwaltete; auch hätte ihre zarte Gesundheit wohl kaum ein sehr bewegliches Treiben gestattet. Drum hatte man auch im Pfarrhaus nie den peinlichen Eindruck, als ob jetzt die Leute Leib und Leben dran setzten, einen Kaffee zustande zu bringen. Da gab's kein stundenlanges Verschwinden der Hausfrau, unterbrochen durch kurzes atemloses Auftreten mit irgendeinem Erfordernis. Nein, das gab sich alles wie von selbst; noch ehe die häusliche Wirksamkeit in die Hand der Töchterlein überging, saß die Frau Pfarrerin geruhig da, mit ihrem roten Strickkorb, ein langsam vorrückendes Strickzeug in der Hand, und lieh ihr Ohr den Gästen, während sie mit strahlenden Blicken fast unverwandt ihren Mann betrachtete, der in ihren Augen der Inbegriff aller männlichen Schöne und Herrlichkeit war, so wie er wiederum sich gar nichts Anmutigeres und Vollkommeneres vorstellen konnte als eben seine Frau. Ob das andern Leuten auch so erschien, das tut nichts zur Sache. Genug, *sie* waren selig in diesem Glauben, und von dieser steten unverwelklichen Glückseligkeit des Ehepaares, die es mit innigem Genügen erfüllte, ging auch die Atmosphäre von Freude und Frieden aus, in der es einem so wohl wurde im Pfarrhause.

Eine Studierstube brauchte der Pfarrer nicht. Zwei Tage lang hatte er einmal eine gehabt, da hielt er's aber nicht aus. »Warum soll ich woanders sein, wenn ich bei dir sein kann?«

Seitdem etablierte er sich mit seinen Pfeifen und Büchern (in welch beiden Stücken er keinen großen Luxus trieb) im einzigen Wohnzimmer bei seiner Frau, und weder sein Geist noch sein Amt hat darunter Not gelitten. Ein neues philosophisches System hat er nun zwar nicht ausgeheckt, auch nicht Chaldäisch und Sanskrit getrieben, aber ein grundgescheiter Mann war er doch, der über alle Erscheinungen im Gebiet des Lebens und Wissens ein gutes gesundes Urteil hatte.

Seine Passion war neben dem Rauchen noch das Schachspiel; es war gerade recht für sein gutes Phlegma, so eine halbe Stunde lang zwischen den Rauchwolken durch das Schachbrett zu betrachten, ehe er sich zu einem Zug entschloß. Hie und da begegnete es ihm, auch etwas zerstreut zu sein; wie er denn einmal in eine große Gesellschaft eintrat, statt des Stocks den Besen in der Hand, an dem er vor der Tür die Schuhe gereinigt hatte – ich sehe noch das erstaunte Gesicht, mit dem er sich umsah, als sein höflicher Gruß mit einem schallenden Gelächter erwidert wurde.

Die Seelsorge, die Audienzen, die der Pfarrer seinen Bauern gab in ihren verschiedenen Lebensangelegenheiten, sie konnten nur gewinnen durch die stille Anwesenheit der Frau Pfarrerin, die, in alle Verhältnisse eingeweiht, da und dort ein Wort zur rechten Zeit einschaltete, am eifrigsten, wo es galt, einen Ehemann zu seiner Pflicht, eine Frau zur Geduld und Sanftmut zu ermahnen. Des Pfarrers Predigten, die er niemals studierte, was seine Frau als besonderen Ruhm anführte, hatten eine einfache Kraft und Wahrheit, die ihre Wirkung nicht verfehlten und manchmal gerade am rechten Fleck einschlugen, mehr als die beststudierte Rede.

Die Gemeinde lag beiden sehr am Herzen; sie betrachteten sie fast mit der parteiischen Vorliebe, mit der Eltern das eigene Kind samt seinen Tugenden und Fehlern ansehen, und konnten's nicht leiden, wenn gerade ihr Dorf so oft zum Gegenstand des Gespöttes der Nachbarorte wurde.

Es ist unverkennbar, daß, wie ganze Nationen und Provinzen, so auch einzelne Dörfer, und seien sie noch so beisammen, ihren eigentümlich ausgeprägten Charakter tragen, was vielen Anlaß zu zahlreichen Neckereien und oft blutigen Händeln zwischen Nachbarorten gibt. So war nun das Dorf, wo das freundliche Pfarrhaus stand, Weindorf wollen wir's nennen, weit berühmt wegen besonderer Betriebsamkeit und Sparsamkeit der Bewohner. Man hätte glauben sollen, sie verstehen zwei Tage aus einem zu machen. Wenn ungünstig Wetter in der Ernte oder zur Heuzeit einfiel und im ganzen Bezirk der Ertrag verdorben war – die Weindorfer hatten den ihrigen immer noch bei Sonnenschein eingebracht; wenn eine Überschwemmung den Wiesen am Neckar drohte und die kaum eine Viertelstunde entfernten Stadtbewohner sich zur Ruhe legten und seufzten: »Schad um den schöna Mist, mo's Wasser furtnemmt«, waren die Weindorfer Wiesen mit Laternen besät, bei deren Schein die Bewohner ihren Dünger bis aufs letzte Hälmchen wieder heimholten. Man sagte ihnen freilich auch nach, daß kein Weindorfer nach Haus komme, außer er bringe etwas »Gemaustes« mit, und daß man in den Weindorfer Weinbütten Fische fangen könne, weil sie nämlich den neuen Wein mit Neckarwasser vermehren. Das aber ließ die Pfarrerin nie gelten. Sie hob dagegen mit Glanz hervor, wie fleißig ihre Weindorfer Männer seien und wie friedlich die Ehen; auch rühmte sie mit Recht, daß das ganze große Dorf nur einen einzigen Bettelmann besitze, der »umgeätzt« wurde, und das war erst noch ein grober Bettelmann, der den Weibern, die ihn speisten, den Küchenzettel kritisierte und sich nichts gefallen ließ. Als einst zwei fremde Bettelkinder am Pfarrhaus schellten und wir ihnen das Almosen brachten und im Spaß zuriefen: »In Weindorf ist's Betteln nicht Mode«, da jammerte die gute Pfarrerin: »Das hättet ihr nicht sagen sollen, die nehmen's jetzt gewiß übel und kommen nimmer.« Schade, daß sie nicht erlebt hat, wie leicht versöhnlich die Bettelleute unsrer Tage in diesem Punkte sind!

So fern der Pfarrer von allem Sektenwesen war, so hielt

er doch die »Stillen im Lande«, die Pietisten seines Orts, die er als seine besten Bürger rühmte, hoch in Ehren, und vermied neben all der schlichten Geradheit seines Wesens alles, was ihnen Anstoß geben konnte. Es wurde einst der Geburtstag des jüngsten Töchterleins gefeiert; ihre Freundinnen aus der Stadt hatten ein sehr rührendes moralisches Stück aus Weißes »Kinderfreund« einstudiert, um sie zu überraschen. Die Pfarrerin hörte von dem Plan und bat uns freundlich, die Aufführung in der Stadt zu veranstalten: »Wißt ihr, Kinder, um des schwachen Bruders willen!« So zogen denn die Pfarrtöchterlein zur Stadt; die Aufführung gelang vortrefflich: der edelmütige Töffel und das bescheidene Dortchen kamen zu Ehren, die stolzen Edelmannskinder wären um ein Haar ertrunken und die hochmütige Frau von Grünthal besserte sich; hernach zogen Schauspieler und Publikum hinüber über Neckar und Wiesen ins freundliche Pfarrhaus und verzehrten dort gemeinsam einen Kessel voll Reisbrei mit Zucker und Zimmet; das Fest war gefeiert und der »schwache Bruder« blieb geschont.

Das Dorf hatte sich durch strenge Altgläubigkeit von jeher ausgezeichnet. Als früher längere Zeit bei Taufen die übliche Frage: »Widersaget ihr dem Teufel« etc. verbannt war, wandten sich die Weindorfer bei jeder Taufe ans Konsistorium mit der Bitte, sie nach der alten Formel vollziehen lassen zu dürfen. Der ewigen Bittschriften müde, ermächtigte das Konsistorium den betreffenden Dekan, diese Erlaubnis zu geben, was dieser dem Pfarramt mit den lakonischen Worten mitteilte: »Einem verehrlichen Pfarramt wird kundgemacht, daß die Weindorfer den Teufel von nun an beim hiesigen Dekanatamt à 36 Kronen Sportel haben können.«

Alles Weltgeräusch und Getümmel, alle Zänkereien und Streitigkeiten, aller kindische Neid, die tausenderlei Eifersuchten, die sonst zumeist in kleinen Kreisen das Leben bewegen und verderben, waren für unser Pfarrhaus nicht vorhanden. An dieser seligen Genügsamkeit, an diesem herzlichen Wohlmeinen glitten alle die Stacheln des Lebens unvermerkt ab und keine Sorge für die Zukunft fand Raum. Wenn auch der Pfarrer mit den Freunden die Zeitereignisse besprach, zu tief konnte man nicht in Kombinationen oder Befürchtungen eingehen, denn in getroster Zuversicht schaute das freundliche Gesicht der Pfarrfrau drein: »Gebt nur acht! Ich meine, es wird schon alles wieder recht und gut werden.«

Die Liebe des Paares erhielt sich in immergrüner bräutlicher Frische; ohne allen sentimentalen Anflug hatte sie eher etwas Kindliches. Nach dreißigjähriger Ehe betrachtete die Pfarrerin ihren Liebsten noch mit demselben strahlenden Entzücken wie an jenem Weihnachtsabend, wo er als Vikar ihr sein wertes Selbst zur Bescherung angeboten, was sie ohne lange Bedenkzeit angenommen hatte. Wie die zärtlichste Braut begleitete sie ihn mit ihren Blicken, wenn er ohne sie das Haus verließ, solange sie ihn vom Fenster aus sehen konnte, oder harrte seiner Rückkehr; begleitete sie ihn auf einem Gang, von dem sie früher als er umkehrte, so suchte sie sorgsam seine Fußstapfen auf, um in denselben zurückzugehen. Sie war unerschöpflich in neuen Benennungen für ihn: »Du Glücklichmacherle«, »du Gottlobunddankmannle« etc. Auch hielt sie's für gar keine Verletzung ihrer Frauenwürde, wenn sie ihrem Mann, so oft ihr's einfiel, die Hand hinstreckte: »Ich dank dir eben recht schön, daß du mich genommen hast.« Auch hat sie der Pfarrer darum gar nicht geringer geschätzt, sondern hoch und wert gehalten als sein Kleinod und ihre Zärtlichkeit mit reichem Maße zurückgegeben, wenn er gleich menschlichem Ansehen nach etwas bärenhaft dreinschaute.

Mit Studien und Lektüre hat die gute Pfarrerin sich nicht viel geplagt, aber sie hatte mit hellem und harmlosem Blick ins Leben gesehen; ihr Buch war das Herz und die Gedanken ihres Mannes, und darin hatte sie nicht vergebens gelesen; es hat niemand klassische oder ästhetische Bildung bei ihr vermißt. Ihr häusliches Glück und die Vortrefflichkeit ihres Mannes bildeten ein unerschöpfliches Gesprächsthema für sie, mit dem sie wunderbarerweise andre nie ermüdete, weil man sich selbst in das Element dieses Glücks wie in eine warme Lebensluft versetzt fühlte. Auch hätte sie die Seligkeit, in deren Besitz sie sich so reich fühlte, gern aller Welt gegönnt; nie hat der heilige Ehestand eine feurigere Lobrednerin gehabt als sie; ein junges Ehepaar, ein zärtliches Brautpaar zu sehen, war ihr eine recht innerliche Herzensquickung.

Es wachten auch in diesem glücklichen Hause alte, lang eingerostete Herzen wieder auf, und manchem, im Alltagsschlendrian verknöcherten Ehepaar fiel es im Bereich dieser überströmenden Liebe auf einmal ein, sich auch in der Zwischenzeit wieder die Hand oder einen Kuß zu geben, was sonst nur jährlich dreimal, an Weihnachten und an den beiderseitigen Geburtstagen vorkam. Das junge leichtfertige Volk freilich, das lachte oft recht von Herzen ob dieser alten Bräutlichkeit; tat aber ganz, als ob's daheim wäre, schlug vom Zimmer aus Nüsse vom Baum, plünderte den Garten, solange es etwas zu plündern gab, erzählte sich Geschichten in der Rosenlaube und zog jederzeit vergnügt und befriedigt heim, von der Pfarrfamilie und dem zuvorkommenden Azor begleitet bis an das Ufer des Flusses, der Stadt und Dorf trennt.

Noch ein stilles, freundliches Element weilte in der traulichen Hinterstube, die ehrwürdige Mutter des Pfarrers, recht ein Bild eines frommen, friedlichen Alters; ihr zur Seite ihre vielgeschäftige Tochter, die sorgsame Tante Clara, der schaffende Genius des Hauses, die geheime Rätin bei allen Staats- und Hausaffären, die Bildnerin der heranwachsenden Töchter. Denn auch ein Paar junge lebendige Blüten waren dieser glücklichen Verbindung entsprossen, zwei rosige Töchter, des freundlichen Hauses lieblicher Schmuck. Die eine wuchs heran als rastlos tätige Martha, zu beständigem Erstaunen der ruhigen Mama, um dereinst als tüchtige Pfarrfrau eine zweite, noch reichlicher illustrierte Auflage des elterlichen Glücks zu veranstalten. Die zweite, ein zartes, anmutiges Blümchen, war nicht für die Erde bestimmt; im schönsten Alter jungfräulicher Blüte schlossen sich ihre sanften blauen Augen für die Erde. Das freundliche Kind hatte wohl nie geahnt, daß sie den ersten schweren Kummer über das freudenhelle Elternhaus bringen sollte. – Aber auch deine männliche Gestalt, du guter Pfarrherr, lehnt nicht mehr am Fenster, von bläulichen Wolken umwallt.

In ein freundliches Pfarrhaus wollte ich euch führen; so laßt uns leise die Türe schließen, ehe es dunkel wird darin!

Der Haselnußpfarrer

Das war ein seltsamer Kauz, und wäre es wohl in jedem Stande gewesen, darum möchte ich ihn keineswegs als Typus des seinigen zeichnen; weil er aber doch einmal ein Pfarrer gewesen, so möge er hier seinen Platz finden, schon um seines Hauses willen, das gewiß der geistlichen Pflicht der Demut und Niedrigkeit in reichem Maße nachgekommen. Am besten ist's, wir begleiten, um Eingang ins Pfarrhaus zu erhalten, einen seiner Vikare, deren er gar viele gehabt, bei seinem ersten Eintritt; denn sonst ist es äußerst selten aufgesucht worden.

Vorbild: Johann C. A. Schweppe, ab 1824 in Feldrennach; verheiratet mit einer Tochter des Pfarrers Bieser von Schlaitdorf. Beide starben (kinderlos) am 10. 8. 1835.

Es war im Sommer 18 . ., als ein neuernannter Vikar mutigen Schrittes in das ihm noch gänzlich unbekannte Dorf einzog, dessen Pfarrer er infolge höherer Weisung zum Gehilfen gesandt wurde. Das Pfarrhaus aufzufinden, war aber keine leichte Sache, wenn man einem nicht zuvor gesagt hatte, es sei das baufälligste Haus im Ort. Unter Anleitung des Büttels, der zugleich Gänsehirt war und eben seine Schar heimgetrieben hatte, kam der Vikar aber doch damit zustande. Klein war das Haus eben nicht, sah aber höchst trübselig und wirklich lebensgefährlich aus, denn es war auf einer Seite mit Seilen an einen danebenstehenden starken Lindenbaum gebunden.
Der Vikar fragte nach dem Herrn Pfarrer und der Frau Pfarrerin. »Die Frau«, hieß es, »ist über Feld, der Herr aber sind im Garten.« So ging er denn, ihn dort aufzusuchen, und dachte sich einen ehrwürdigen Herrn, zwischen Blumenbeeten und Obstbäumen umherwandelnd. Dem war aber nicht so, und einen solchen Garten hatte er noch nie gesehen. Ein halb Viertelmorgen war mit lauter Haselnußstauden, hohen und niedrigen, bepflanzt, nichts dazwischen als schmale Pfade. Inmitten dieser Haselnußwildnis wandelte der Pfarrer, eine dürre, starkknochige Gestalt mit einer bedeutend roten Nase und lederbraunem Gesicht, und erspähte prüfenden Blickes den Grad der Reife seiner Nüsse. Er empfing seinen neuen Vikar ziemlich kühl und schien es mißliebig aufzunehmen, daß man ihn in diesen Hain eingelassen hatte, führte ihn auch alsbald in das Wohnzimmer.
Dort war indes die Frau Pfarrerin von ihrem Gang auf den Markt der benachbarten Stadt angekommen, eine gleichfalls magere, höchst ungut aussehende Dame, die sich, nachdem sie einen himmelanstehenden Hut abgelegt hatte, in einer vergilbten Filethaube präsentierte und den Vikar fragte, ob er nicht Tee wolle, wenn es ihm nicht zu spät sei vor dem Nachtessen. Natürlich dankte er dafür.
Sonderlich wohl ward es dem Vikar nicht diesem Ehepaar gegenüber, zwischen dem ein außerordentlich kühles Ver-

hältnis zu bestehen schien. Heiterer und gemütlicher Natur, versuchte er aber doch einen fröhlichen Ton anzuschlagen und gab alte Universitätsspäße zum besten, was wirklich beim Pfarrer einen gurgelnden Ton hervorrief, der ein Lachen vorstellen sollte; und auch die Frau Pfarrerin, der das besonders zu behagen schien, versuchte ihre Muskeln zum Lächeln zu verziehen.

Nach dem Nachtessen brach der Pfarrer plötzlich auf und der Vikar sah ihn, mit einem schweren Kruge versehen, die Treppe hinabsteigen. Auch ihm wurde nun sein Gemach angewiesen, das im oberen Stockwerk gelegen war und so unerquicklich, dürr und trocken aussah wie das ganze Haus; er konnte seinen Stern nicht besonders preisen, der ihn unter dieses Dach geführt. Sein Verhältnis zu der Frau Pfarrerin schien sich indes recht erträglich zu gestalten, während der Pfarrer sich auf den nötigsten Verkehr beschränkte und besonders ängstlich bemüht schien, ihn von seiner Studierstube fernzuhalten, in der er den Tag über und abends fast alle Zeit zubrachte.

Als eines Tages der Pfarrer nach dem Nachtessen abermals verschwunden war, begann die Pfarrerin ganz zutraulich: »Herr Vikar, ich höre, Sie verstehen sich auf die Physiognomien und sehen den Leuten an, wie lange sie noch leben werden.« Der Vikar gab zu, daß er sich hie und da damit befaßt und namentlich bei Kranken oft einen richtigen Blick gehabt habe. »Nun, meinen Sie, daß ich oder mein Mann zuerst sterben werde?« Als der Vikar, erstaunt über eine so ruhig gestellte Frage dieser Art aus dem Munde einer Gattin, die Antwort schuldig blieb, fuhr sie mit schauerlicher Gelassenheit fort: »Sehen Sie, ich und mein Mann haben gar nie zusammengepaßt; ich hätte ihn nicht genommen, wenn mir's nicht um einen eigenen Unterschlauf [Obdach] zu tun gewesen wäre. Seit wir geheiratet sind, hat er mich nur erzürnt: wenn ich fett koche, will er mager essen; habe ich eingeheizt, sperrt er die Fenster auf; will ich Bohnen pflanzen, pflanzt er Haselnüsse. Ich ärgere mich nun schon lange nicht mehr, aber ich muß oft denken, es wäre fast am besten, wenn der liebe Gott eins von uns zweien zu sich nähme, ich könnte dann nach Nürtingen ziehen.«

Der Vikar, der nicht wußte, ob er über diese gottergebene Ehefrau lachen oder weinen solle, zog sich aus der Sache so gut er konnte und meinte, der Herr Pfarrer sehe noch sehr robust aus, doch habe man freilich Exempel, daß auch die kräftigsten Leute schnell wegsterben und so weiter.

Ein Rätsel, dessen Lösung ihn täglich beschäftigte, war für den Vikar des Pfarrers Studierstube, zu der niemand Zutritt hatte; selbst Bauern, die zu ihm wollten, wurden stets die Treppe hinaufgewiesen. Ums Leben gern hätte er gewußt, was er eigentlich dort trieb: theologische Studien schwerlich, denn seine Gelehrsamkeit war ziemlich verrostet und seine Predigten mahnten an die Gebeträder der Buddhisten, welche dieselbe Leier mechanisch abrollen. Hatte er einmal gar nicht studiert, so verkürzte er die zur Predigt bestimmte Zeit damit, daß er nach Verlesung des Evangeliums anhob: »Dieses Evangelium ist so schön und so schön, daß ich's eurer Liebe noch einmal vorlesen muß«, und so fort. Klassische Studien trieb er wohl ebensowenig, denn seine ganze Kenntnis der alten Sprachen schien darauf eingeschrumpft, daß er das Wort Vikarius durch alle Fälle deklinierte: »Das ist des Herrn Vikarii Glas«; »schenke dem Herrn Vikario ein«; »Herr Vikarie, ich wollte Sie noch fragen«; »hat Sie den Herrn Vikarium gesehen?« – Was ging denn aber vor im geheimnisvollen Gemach, aus dem nur hie und da dumpfe, brummende Musiktöne in stiller Nacht heraufdrangen?

Da ereignete sich's einmal, daß das Pfarrpaar, das man fast nie zusammen erblickte, weil sie stets daheim blieb, wenn er ausging, und fortging, wenn er dablieb, eine gemeinsame Einladung zu einem Hochzeitsfest annahm. Zudem fügte es sich, dem Vikar äußerst erwünscht, daß man am selben Tage eine nötige Notiz aus einem der Kirchenbücher verlangte, die unter des Pfarrers Gewahrsam waren. Dieser hatte zwar den Schlüssel mitgenommen, aber Bäbel, die alte Hausmagd, erbot sich, mit dem Hauptschlüssel zu öffnen. Mit erwartungsvollem Schauder, fast wie Annchen in Blaubarts Stube, trat er in das geöffnete Heiligtum.

Siehe, da standen auf einem Tisch die sehr wenigen Bücher, deren der Pfarrer sich bediente, zwei lange Pfeifen, ein tüchtiger Krug, daneben eine mächtige Baßgeige, und an allen Wänden der Stube lagen Säcke mit Haselnüssen gefüllt. Bäbel bemerkte sein stummes Erstaunen: »Ja, der Herr Pfarrer brechen immer selber alle die Haselnusse und essen sie auch allein.« – »So, deshalb bleibt er so lange auf?« – »Ja, und da kriegen sie Durst von den vielen Nussen, und den da«, auf den Krug zeigend, »trinken sie aus. Sie übersehen sich aber nie, sie können's gut vertragen, man spürt ihnen gar nichts an«, fügte sie entschuldigend hinzu.

So war's also entdeckt, das dunkle Geheimnis! Jeden Abend um halb neun Uhr zog der Pfarrer samt seinem Krug, den er eigenhändig mit rotem Wein gefüllt, in die untere Stube, schwelgte dort in Haselnüssen und baßgeigte dazwischen, bis der Krug leer war. Das also war's, was des Pfarrers Leben ausfüllte, was ihn stumpf machte fürs Wissen, lau im Beruf, gleichgültig gegen häusliche Freudlosigkeit! – Ein so seltsames Surrogat für Glück war dem Vikar noch nie vorgekommen.

Das konnte man dem Pfarrer nicht nachsagen, daß er neuerungssüchtig oder anspruchsvoll in betreff seiner Wohnung sei.

Das Mansardenzimmer des Vikars war allen Unbilden der Witterung ausgesetzt und an einem schönen Wintermorgen mit einem solchen Schneehügel bereichert, daß es nötig wurde, für längere Zeit einen gemeinsamen Schlafsaal zu errichten, was der heute noch lebende Totengräber des Orts bezeugen kann.

Der Pfarrer nahm solches Mißgeschick mit großer Gelassenheit auf. Seit das Pfarrhaus durch den Lindenbaum wieder gestützt worden war, lebte er geruhig darin fort, versunken in seine Haselnüsse, bis eines schönen Morgens, da die Hausbewohnerschaft eben am Frühstück saß, der Zimmerboden ohne besondere Veranlassung hinunterbrach und sämtliche Mitglieder des Hauses, Herr und Frau, Vikar und Bäbel, rasch und sicher in den darunter befindlichen Kuhstall versetzte. Das war eine große Überraschung; die Frau Pfarrerin richtete sich zuerst auf, sie war weich gefallen, und sah nach, ob sie noch keine Veranlassung habe, nach Nürtingen zu ziehen; aber auch der Herr Pfarrer waren unverletzt; nur der Vikar lag härter und wirklich gefährlich unter einer Kuh.

Sobald man sich notdürftig erholt hatte, ward ein Expresser ans Königliche Kameralamt abgesandt mit einem Bericht dieser merkwürdigen Begebenheit. Besagtes Amt kam tags darauf in höchst eigener Person mit einem Werkmeister, um den Schaden einzusehen und aufzunehmen. Die Herstellung des eingebrochenen Zimmerbodens sollte unverzüglich in den Bauüberschlag fürs nächste Jahr, die der zerschmetterten Fenster aber in den fürs nachfolgende aufgenommen werden, wenn der Pfarrer den Beweis herstellen könne, daß die Fenster durch Ausheben nicht noch hätten gerettet werden können. Auf des Pfarrers dringende Vorstellung, daß er sein Zimmer nicht entbehren könne, ward ihm gestattet, dasselbe einstweilen auf eigene Rechnung herstellen zu lassen, mit der Bedingung, daß er die Stube wieder *in statum quo* setze, falls das Haus an einen andern übergeben würde, noch ehe die Herrschaft den Bauüberschlag genehmigt hätte.

Der Stubenboden wurde wiederhergestellt; die Herzen des Ehepaars schienen sich aber auch durch diese tragische Katastrophe nicht nähergekommen zu sein. Dem Vikar gefiel's je länger je weniger; er ward es immer mehr satt, die trübselige Frau Pfarrerin zu unterhalten, während der Pfarrer seine Orgien in der Haselnußkammer feierte. So zog er denn ab, sobald es sich tun ließ.

Sein Nachfolger, ein hagebüchener, ausgedienter Vikar, war, scheint es, die verwandte Seele, die dem Pfarrer lange gefehlt hatte. Er begleitete des Pfarrers Baßgeige mit dem

Violoncell, und ihm ward die Gunst gewährt, deren sich noch kein Sterblicher erfreut hatte: er durfte teilnehmen an den Schwelgereien unter den Nußsäcken; auch mußte von nun an der Krug allabendlich noch einmal aufgefüllt werden.
Nach Jahr und Tag führte den ersten Vikar sein Weg wieder in die Gegend. Da beschloß er denn, den Pfarrer wieder aufzusuchen und ihn mit einem Säckchen extraschöner Aug'stnüsse zu erfreuen. In der Nähe des Orts aber traf er mit dem hagebüchenen Vikar zusammen, der soeben seine Bestallung als Amtsverweser daselbst erhalten hatte.
Der Haselnußpfarrer und seine Frau waren an einem und demselben Tage gestorben.

Das töchterreiche Pfarrhaus

In einer freundlichen Gegend Schwabens hatte ein neuberufener Pfarrer seine junge Frau noch nicht lange in sein Pfarrhaus eingeführt. Da träumte ihm in einer Nacht, er finde in seiner Stube einen verdeckten Korb; als er dessen Deckel lüftete, da flogen zwölf Täubchen heraus, die setzten sich auf den Boden und verwandelten sich alsbald in zwölf zierliche Mädchen. Mit Lachen erzählte er seiner Frau diesen Traum; die meinte aber, das wäre der Ehre doch gar zu viel.
Als nach Jahresfrist ein rundes Mägdlein in der Wiege lag, da hätten Vater und Mutter lieber einen Knaben gesehen, weil ihnen die zwölf Täublein wieder zu Sinn kamen. Aber das Töchterlein war das erste, und darum doch wichtig und hoch willkommen. Es wurde ein großartiges Tauffest veranstaltet; es wurden Gäste geladen, so viel das Pfarrhaus faßte, und Torten, Kuchen und Schinken in Hülle und Fülle gebacken und gesotten. Der jungen Mutter schien gar kein Name interessant und schön genug, bis sie sich endlich für Alwina entschied. »Es ist gut, daß du mit A anfängst«, sagte lächelnd der Pfarrer, »so reicht's eben das halbe Alphabet,

bis alle die zwölf Täublein da sind.« Zu Paten wußte man so viel Onkel und Tanten, Freunde und Freundinnen, die auf diese Ehre Anspruch machten, daß die kleine Alwine am Ende ein ganzes Dutzend Paten und Patinnen und einen langen Nachschweif von Namen zu Ehren derselben erhielt und ihr kleines Bettchen ganz bedeckt war mit silbernen Löffeln.

Als nun im nächsten Jahre die kleine Alwina die Wiege einem Schwesterlein räumen mußte, da wurde die Taufe schon stiller begangen; die Mutter aber wollte nicht vorrücken im Alphabet und nannte das zarte Wesen mit den himmelblauen Äuglein Angelika.

Bei dem A mochte man doch nicht stehenbleiben; auf die Angelika folgte zwar eine Amalie, Agnes, Anna und Adelheid, dann aber kam's ins B mit einer Beate und Bertha. Die ganze Familie lamentierte über den großen Mädchensegen im Pfarrhaus; immer stiller und einfacher wurde das Tauffest begangen, immer weniger Paten gebeten, da man die Onkel und Tanten doch nicht alle Jahre um einen Löffel bringen wollte. Bei den zwei Töchterlein, die nach der Bertha kamen, bat man nur noch einen alten ledigen Großonkel zu Gevatter, der zugleich bestimmte, daß man sie Lotte und Luise heißen solle, da die Mutter müde war, sich auf romantische Namen zu besinnen.

Als nun endlich am Konfirmationstage der Alwina das elfte Töchterlein getauft werden sollte, da lebte auch der ledige Großonkel nicht mehr, und Alwina, stolz und glücklich über ihre neue Würde, wurde die einzige Patin des Schwesterleins. Vom Namen war noch gar nicht die Rede gewesen; erst als nach langem Streit um die Ehre, das Kindlein zu tragen, Bertha unter Amaliens Aufsicht mit dem Täufling den ansehnlichen Kirchenzug anführte, erst da fragte der Vater die Mutter: »Nun, wie soll das Kindlein heißen?« – »Friederike, wie meine Mutter«, sagte nach kurzem Besinnen die Pfarrerin. – »Eine Friedenreiche!« sprach der Vater, als er Bertha mit dem Kindlein noch an der Mutter Bett führte.

»Das wird gut sein«, meinte die Mutter mit wehmütigem Lächeln, indem sie auf den großen Mädchenzug blickte, »ein andrer Reichtum wird ihr doch nicht zuteil!«
»Einen andern braucht sie nicht«, sagte der Vater freudig, küßte die verzagende Mutter, ehe er mit dem weißgeschmückten Herdlein zur Kirche schritt, und legte ihr die Bibel aufs Bett. War es nun Zufall, war es Absicht des Vaters, sie schlug die schönen Worte der Bergpredigt auf: Ihr sollt nicht sorgen und sagen, was werden wir essen, was werden wir trinken etc. Die Worte drangen ihr bis ins innerste Herz, es war, als ob sie sie heute zum erstenmal läse; auch ihre Seele wurde friedereich, lächelnd sah sie den zwei Kleinsten zu, die noch nicht zur Kirche gelassen werden konnten und am Boden spielten, und als ihre acht weißen Täubchen, die bühende Alwina an der Spitze, mit der kleinen Friederike aus der Kirche zurückkamen, da küßte sie das Kindlein viel inniger als zuvor, reichte ihrem Mann getrost die Hand und sagte leise: »Der Herr wird's versehen!« Und keiner Fürstin Wochenbett kann sorgsamer behütet, liebevoller bedient sein als das der Mutter, wo die vier größeren Mädchen, deren Kräfte früh geübt worden waren, sich in die Pflege teilten.
Das Tauffest der kleinen Friederike blieb nun wirklich das letzte, ein zwölftes Täubchen kam nimmer auf den Pfarrhof geflogen. Der Familienjammer verstummte allmählich, und man ließ Pfarrers selbst zusehen, wie sie mit ihren elf Mädchen zurechtkommen werden. Hie und da fiel es doch einer freigebigen Frau Patin ein, ein abgelegtes Kleid ins Pfarrhaus zu schicken; namentlich galt das mädchenreiche Haus als ein vortrefflicher Ableiter für alte Hüte, woran es der guten Mama fast zu viel werden wollte.
Nun glaube aber niemand, der Pfarrer und seine Frau haben ihre Kinder geradezu für Lilien auf dem Felde angesehen, die da nicht arbeiten und nicht spinnen, und der himmlische Vater ernähret sie doch. Sie wußten wohl, daß gerade darin die Menschenkinder reicher als die Blumen vom himmlischen Vater begabt worden sind, daß er ihnen zwei Arme und zwei

Füße gab, mit denen sie sich ordentlich regen und rühren können um ihr täglich Brot. Es läßt sich kaum vorstellen, was für ein lebendiges Wesen und Treiben und Gewimmel in dem Pfarrhause war. Der Mädchensegen des Pfarrers war weit und breit bekannt worden; sein Landesherr selbst hatte ein Einsehen gehabt und ihm eine einträgliche Pfarre mit einem recht geräumigen Hause gegeben, so daß die elf Täublein doch Brot und Dach und Fach darin fanden.
Ich denke, wer sie alle ein wenig kennenlernen möchte, der bringe einmal einen ganzen Tag mit mir im Pfarrhause zu und sehe selbst, wie die elf Pfarrtöchter erzogen wurden.

Es ist ein schöner, sonnenklarer Septembermorgen; um halb sechs Uhr läutet der Vater das Morgenglöcklein zum erstenmal, um sechs Uhr erscheinen fix und fertig in reinlichem Morgenanzug Amalie und Anna. Die erste ist für diese Woche Kuchimuz, die zweite Aschenbrödel – so heißen bei den Schwestern allemal die zwei, die für Küche und Hausreinigung zu sorgen haben.
Während nun Amalie Feuer macht und das einfache Frühstück bereitet und Anna das große Zimmer lüftet und reinigt, geht's oben in den Stüblein der Mädchen schon recht lebendig her. In jedem der vier Zimmerchen, welche die zehn älteren zusammen bewohnen – die Kleinste schläft noch in der Eltern Zimmer –, ist immer den Großen eine Kleine beigegeben, die sie zu besorgen und anzukleiden haben. Alwina, der Mutter geheime Rätin, jetzt neunzehn Jahre alt, hat sich schon zu dieser begeben, um Haushaltungsangelegenheiten mit ihr zu besprechen; denn die gute Mutter ist nun, wie's die Mädchen nennen, pensioniert, sie selbst darf sich nimmer mit mühsamer Arbeit anstrengen, was ihre zarte Gesundheit auch nicht ertrüge; sie hat aber genug zu tun, bis sie denkt und sorgt für alle. Die kleine sanfte Beate, die in aller Stille zuerst aufgestanden ist, hat sich schon zu Angelika geschlichen, die wegen ihres besonders zarten und feinen Aussehens und ihres etwas vor-

nehmen Wesens die Prinzessin im Hause genannt wurde. Angelika war keine Freundin vom Frühaufstehen, und wenn Alwina, ihre Schlafgenossin, sie zweimal geweckt hatte, so legte sie erst noch zum drittenmal das Köpfchen hin. So kam sie oft zu spät, was ihr vom Vater, der wollte, daß die älteren Schwestern mit gutem Beispiel vorangehen sollten, schon manchen Verweis zugezogen hatte. Drum schlüpfte die freundliche Beate, wenn sie konnte, in ihr Zimmer, half ihr beim Anzug und Aufräumen, daß sie doch noch mit den andern zum Frühstück kam. Dafür war aber auch Beate der schönen, begabten Angelika besonders lieb und erhielt manch liebliches Bildchen von ihrer kunstfertigen Hand, denn Angelika war eine geschickte Zeichnerin.

Um halb sieben tönte des Vaters Glocke zum zweitenmal, und nun eilte groß und klein die Treppe hinab. Gefehlt aber war's, wenn oben nicht alles in Ordnung verlassen wurde. Kuchimuz und Aschenbrödel hatten auch das Amt, die oberen Stüblein zu untersuchen, und waren Betten und Zimmer nicht im reinen, so traf die Schuldige zwei Tage lang das höchst unbeliebte Geschäft, die Schuhe zu putzen, das sonst nach Tagen abwechselte.

Nun versammelte sich alles in der großen hellen Wohnstube. Da saß schon die Mutter mit dem Nesthäkchen Friederike, und es gab einen Jubel und Trubel, bis »das Kind, das Kleinsele, das Goldkäferlein« und wie alle seine Beinamen hießen, jeder Schwester den Morgengruß und Kuß gegeben hatte.

Jetzt rief der Vater: »Still!« und nahm die Bibel aus Beatens Händen, um daraus eine schöne kraftvolle Stelle zu lesen und mit einem kurzen herzlichen Gebet den Tag zu beginnen. Da war's so still und feierlich im Zimmer, selbst die Kleinste stand mäuschenstill neben der Mutter, die großen Augen unverwandt auf den Vater gerichtet.

Nach geendetem Gebet geht Amalie mit ihrer Gehilfin Anna ab; sie kommen zurück, jede mit einer dampfenden Schüssel Milchsuppe, die mit bestem Appetit von der Gesellschaft verzehrt wird, obgleich Bertha und die Prinzessin Angelika mit einiger Sehnsucht an den Kaffee denken, der an Sonntagen und Geburtsfesten aufgetischt wird. Vater und Mutter essen aber die Milchsuppe, obgleich sie nicht wie die Kinder von jung auf daran gewöhnt waren, zufrieden mit; darum findet es groß und klein natürlich. Der Vikar, seit drei Jahren der treue Gehilfe des Vaters im Amt und Unterricht der Kinder, der bekam freilich Kaffee, er wurde ihm aber aufs Zimmer gebracht. Während die Gesellschaft frühstückt, wollen wir sie etwas näher ins Auge fassen.

Oben neben der rüstigen kräftigen Gestalt des Vaters sitzt die Mutter, ein wenig bleich, ein wenig müde, aber mit liebevollem Lächeln den blühenden Kreis überschauend; ihr zur Seite das Nesthäkchen, drum müssen wir mit diesem anfangen. Das ist eben, wie alle zehn Schwestern versichern: das Kleinste, das Schönste, das Liebste, das Kind, das Allernetteste, und es ist wahr, es ist ein herziges Dinglein – und hat sich wunderbarerweise nicht verwöhnen lassen durch all die viele Liebe, mit der es überströmt wird.

Neben ihr sitzt Alwina, die Älteste, ein recht blühendes stattliches Mädchen mit hellen schwarzen Augen; sie ist, wie schon gesagt, der Mutter rechte Hand und steht sehr in Respekt bei den Geschwistern. Sie ist überall gewandt, die Küche aber ist nicht ihre Liebhaberei; darum vertauscht sie gern die Rolle des Kuchimuz mit Amalie, der das Kochen ihr Leben ist, und präsidiert dafür in der Nähstube.

Auch Angelika wird von der Küche häufig dispensiert, seit unter der Leitung des Vikars ihr Zeichentalent sich so ausgebildet, daß ihre Arbeiten von Kennern bewundert werden. Angelika ist wohl die schönste der Schwestern, obwohl fast etwas zu zart; der Glanz ihrer himmelblauen Augen, das durchleuchtende Rot ihrer Wangen flößen Sorge für ihre Gesundheit ein. Sie ist so bewundert und geliebt von den jüngeren Schwestern, daß keine eifersüchtig wird, wenn bei Angelika die Mutter oft ein Auge zudrückt und von der strengen Geschäftsordnung etwas nachläßt.

Nun folgt der Kuchimuz Amalie, die Wangen stark gerötet vom Kochfeuer, eine etwas gedrungene Gestalt und ganz und gar keine Schönheit, aber so flink und rührig, daß es eine Freude ist, sie anzusehen. Amalie ist ein Küchengenie ersten Ranges, so jung sie ist, und von der Wassersuppe bis zur Mandeltorte gerät alles unter ihrer Hand. Mehr als einmal schon ist des Herrn Doktors Equipage aus der Stadt vorgefahren, in der Amalie im Triumph abfuhr, umringt von Tortenmodeln und Bratpfannen, um bei einer Taufe oder sonstigem Familienfest die Direktion der Küche zu übernehmen. Dabei ist sie entschlossenen Charakters, und obgleich das Studieren nicht ihre Sache ist, führt sie doch eine gute Feder zu Familien- und Geschäftskorrespondenzen.
Auf Amalie folgt Agnes, groß und schlank, mit ziemlich dunklem Teint; von ihr wäre nicht viel zu sagen, da sie selbst nicht viel sagt, wenn sie nicht eine Stimme hätte wie eine Nachtigall. Niemand würde diesem etwas unbeholfenen Wesen, diesem schüchternen Mund ansehen, welche Fülle herrlicher Töne ihm entquellen kann. Die Agnes ist sehr ruhigen Gemütes. »Zufriedenheit ist mein Vergnügen«, singt ihr die lustige Alwina zu; sie kommt nur aus der Fassung, wenn Lottchen und Luise Privatstudien auf dem ohnehin geringen Piano treiben, oder wenn Anna, die eine äußerst unverdrossene Sängerin ist, gar zu falsch singt. Ihr höchster Wunsch, ihre liebste Hoffnung geht dahin, daß der Vater ein neues Klavier anschaffe, eine Tat, die aber noch aufs große Los ausgesetzt ist. Bis jetzt hat sie ihre Studien nur beim Vater und Dorfschulmeister gemacht; nächsten Frühling aber darf sie zur Tante in die Residenz, um dort Stunden zu nehmen.
Die Anna, gegenwärtig Aschenbrödel, sieht gar nicht wie ein solches aus; sie ist ein äußerst appetitlich kleines Persönchen. Ihre Schürze, die sie zu Ehren ihres Amtes trägt, ist wie frisch gefallener Schnee, und einen staubigen Fleck auf einer Kommode sieht sie auf vierzig Schritte. Den Schwestern allen ist bang, wenn an Anna die Reihe der Zimmervisitation ist. Daneben ist sie Garteninspektorin, und ob-

gleich jedem der größeren Mädchen ihr Teil Arbeit im Garten angewiesen ist, so ist sie es doch vor allen, die lebt und webt unter den Blumen, Stauden und Gemüsen; beim ersten Sonnenblick im Februar zieht sie's schon hinaus in den Garten, ob noch nichts zu machen sei. Die junge Anna verkehrt fast mit allen Pfarrfrauen der Nachbarschaft und ist in einem beständigen Austausch von Rosenablegern und Nelkenstöckchen begriffen.

Die vierzehnjährige Adelheid, Fräulein Allwissend, auch Büchergeier genannt, verspräche ein nettes Gesichtchen zu werden, wenn sie nicht ihr aufgeworfenes Näschen gar zu keck in die Welt hinausstreckte. Adelheid hat nur eine Leidenschaft auf der Welt, lesen und immer lesen. Sie liest sitzend, stehend und gehend; ins Bett, zur Arbeit und auf Spaziergänge versucht sie Bücher zu schmuggeln, sie liest Kinderbücher, Romane und Weltgeschichte, Gutes und Schlechtes – nur an einer Abhandlung über das Pfandrecht, die ihr einmal in die Hände gefallen war, ist sie schnell erlegen. Der Mutter macht diese blinde Lesewut viel Kummer; der Vater aber und der Vikar, deren talentvollste Schülerin sie ist, hoffen mit Gottes Hilfe diese Lesegier in Lernbegier umzuwandeln, und dann könnte noch etwas Rechtes aus der Adelheid werden.

Die stille, unscheinbare Beate wird wohl ganz übersehen im Kreis der Schwestern, und doch vermißt man das Kind überall, wo es nicht ist. Nicht talentvoll, nicht in Geschäften gewandt wie die Schwestern, ist dies stille Kind doch der Segen des Hauses; sie hat ihr Herz früh zu der ewigen Heimat wenden lernen, darum ist sie auch ein guter Engel für ihre Heimat auf Erden. Adelheid und Beate sind die Lieblinge der kleinen Geschwister wohl vor allem, weil sie so schön zu erzählen wissen; aber wenn Adelheid alle Wunder der »Tausend und eine Nacht« vor ihrem staunenden Ohr vorübergeführt hat, so lauschen sie doch noch lieber den schönen, einfachen Bibelgeschichten, die Beate so ansprechend, so lebendig wiedergibt, als ob sie selbst sie miterlebt hätte.

Die zwölfjährige Bertha ist ein zierliches, gewandtes Mädchen und hat schon eine fleißige, geschickte Hand; nur putzt sie sich gar zu gern und sieht so sehr oft in den Spiegel, daß zu fürchten ist, die leidige Eitelkeit werde ihre sonstigen guten Eigenschaften ersticken.
Lottchen und Luise, neun und acht Jahre alt, die »Unmüße« genannt, sind ein paar wilde Dinger, etwas träg zum Lernen und zur Arbeit, stets bereit, wo es gilt, einen Unfug anzustellen, so daß die älteren Schwestern genug zu tadeln und zu klagen haben; gutmütige Kinder übrigens, noch höchlich vergnügt mit den dreimal gewendeten alten Kleidern, welche die ganze Skala der Schwestern durchlaufen haben, und die ihnen Alwina noch mit roten Litzen aufputzt.

Da wir die Schwestern nun kennen, wollen wir vollends zusehen, wie sie ihr Tagewerk vollbringen. Wenn gefrühstückt ist, geht der Vater mit ein paar freundlich ermunternden Worten in sein Zimmer; Anna nimmt das Frühstücksgerät zum Reinigen fort, Alwina und die Mutter gehen in die Arbeitsstube, wo große Schneiderei begonnen ist, um Arbeit für alle zuzurüsten; Amalie sorgt für die Küche und hilft Anna später im Garten, für die andern aber beginnen die Lehrstunden beim Vater und Vikar.
Der Vikar, ein sehr geschickter, talentvoller junger Mann, war der sehr verehrte Lehrer der Mädchen, und Lob und Tadel vom Herrn Vikar wogen noch schwerer als selbst vom Vater. Die Mädchen durften und sollten alles lernen, was den Kopf aufhellt und was fürs Leben tauglich macht, wenn sie irgendwie Lust und Fähigkeit dazu hatten. Den Religionsunterricht, dem die Mutter und alle Mädchen beiwohnten, hatte sich der Vater allein vorbehalten; sonst teilten sich die Lehrstunden je nach den übrigen häuslichen Geschäften der Mädchen.
Die drei ältesten, von den jüngeren die »heiligen drei Könige« genannt (Agnes war der Mohrenkönig), hatten nur noch Französisch, Englisch und Geschichtsstunde. Anna war

stets vergnügt, wenn sie durch Geschäfte von den Lehrstunden abgehalten war, sie blamierte sich gar zu oft vor den Kleinen; sie hatte einmal in der Geographiestunde den Rigi für den höchsten Berg in Europa erklärt und Galizien als die Hauptstadt von Ungarn angegeben. (Die Schwestern sagten ihr nach, daß sie drei Stunden buchstabieren müsse, bis sie einen Brief zustandebringe; in ihrem Hausrechenbuch stehe Michl statt Milch, auch habe sie auf ein Geburtstagsgeschenk für den Vater einmal geschrieben: »Von mir gans allein gemacht!« – So schlimm war's aber doch nicht.)

Angelika hat ihren Zeichenlehrer schon weit überholt, und während die Mutter oft darüber seufzt, daß sie stundenlang in ihrem verschlossenen Stübchen sitzt und zeichnet statt zu nähen, malt sie ganz im stillen die niedlichsten Sachen auf Holz, die sie durch des Vikars Vermittlung sehr gut in die Stadt verkauft. Wie herzlich freut sie sich auf alle die Weihnachtsüberraschungen, die sie mit ihrem gesammelten Sümmchen den Eltern und Schwestern wird bereiten können!

Alle aber, groß und klein, gelehrt und ungelehrt, freuen sich, wenn um zwölf Uhr das Tischglöcklein tönt, besonders heute, wo Amalie die Kochwoche hat. Da ist's eine Herzenslust, das muntere Völkchen sich um die lange Tafel scharen zu sehen; und wenn der Mutter Auge oft etwas bänglich die endlose Mädchenreihe überläuft, so begegnet es wohl dem getrosten Blick des Vaters, der mit inniger Freude auf seinen munteren Töchterlein ruht und der ihr zuversichtlich zu sagen scheint: »Was unser Gott erschaffen hat, das wird er auch erhalten.«

Wenn die einfache Tafel aufgehoben ist, geht's dem schönen Sonnenschein zulieb in den Garten; da ist ein halb Stündchen der Erholung gegönnt, und jedes unterhält sich, wie es ihm am besten dünkt.

Vater und Mutter sitzen behaglich in der Laube. Der Herr Vikar hat seine Lehrerwürde abgelegt und bemüht sich, ein Sträußchen zu pflücken, das er aber, wie Adelheid meint, ganz gegen Recht und Gerechtigkeit der Alwina überreicht, während sie doch das erste Recht auf eine Belohnung hätte. Angelika sitzt an ihrem Lieblingsplätzchen, einer Rasenbank im Gesträuch, und ist »verzückt«, wie es die Schwestern nennen, wenn sie so in sich versunken dasitzt und in die Wolken sieht. Anna und Amalie erscheinen erst, nachdem Zimmer und Küche in Ordnung sind und sehen zu ihrem Schrecken, wie Lottchen und Luise eben im höchsten Diensteifer eine Katze aus den Gemüseländern jagen und diese ärger zusammentreten, als zehn Katzen hätten tun können; Anna, außer aller Fassung gebracht, greift nach dem Rechen, um das ungebetene Hilfscorps in die Flucht zu schlagen. Bertha hat sich eine Efeugirlande um den Kopf gewunden und bemüht sich sehr, das einzige Fenster des alten Gartenhauses als Spiegel zu benützen, um zu sehen, wie ihr der Schmuck steht. Agnes hat sich zwischen die grünen Äste eines leicht ersteigbaren Nußbaums zurückgezogen und singt mit heller Stimme, während sie Nachlese hält, »Ingeborgs Klage« nach eigener Komposition:

Aus ist des Sommers Lust,
Stürme durchwehen des Meeres Brust,
Ach und wie gerne da draußen
Hört' ich es brausen!

Adelheid sitzt auf dem Boden hinter der Laube mit dem »Lichtenstein«, den ihr des Försters Tochter geliehen, allzeit in stiller Sorge, die Mutter möchte sie urplötzlich aus dieser neuen Welt aufjagen. Beate aber spielt mit dem Kleinsele, das vor Lust aufjubelt, daß es die Schwester haschen kann.
So belustigt sich jedes in seiner Weise bis halb zwei Uhr, wo der Rückzug ins Haus beginnt, und nun geht's mit Ernst an die Arbeit. Die Schneiderei ist kein Spaß: aus sieben alten Kleidern müssen sechs neue gemacht werden, nur die vier Großen und Kleinsele bekommen ganz neue. Alwina schneidet zu und probiert an; die andern nähen um die Wette, sogar die »Unmüße« werden angehalten, zu zertrennen und

Fäden auszuzupfen, und das Nesthäkchen will auch ein Puppenkleidchen machen, wobei es Nadeln verliert und sich ins Fingerchen sticht. Dazwischen stimmt Agnes ein Lied an, in das all die Stimmchen zart und grob, falsch und richtig einfallen, oder erzählt Adelheid, wobei sie die Kleinen als aufmerksame Zuhörer hat.

So geht es recht fleißig zu bis zum Schlag vier Uhr, für den die Kleinen ein äußerst scharfes Ohr haben. Dann verschwindet Alwina und kommt zurück mit dem Brotlaib und Obstkorb; das Vesper wird verteilt und mit allgemeiner Zufriedenheit verzehrt.

Nach dem Vesper werden die »Unmüße« entlassen, sie dürfen die Kleine mitnehmen und sich in Garten und Hof umtreiben, bis sie unter Adelheids Aufsicht ihre Lektion lernen müssen. Die andern aber bleiben fleißig beisammen bis zur Dämmerung, wo noch ein kurzer Spaziergang gemacht wird. An schönen Sonntagen werden immer weite Gänge unternommen, werktags reicht die Zeit nicht dazu.

Mit einbrechendem Dunkel sammelt sich alles in der Wohnstube, Beate bringt die Kleine zu Bett, der Vater nimmt seinen Ehrenplatz am Ovaltisch ein, Amalie und Anna bringen das Teegerät und den duftenden Tee mit neugebackenem Brot. Da geht's nun heiter und lebendig her; die »heiligen drei Könige« haben genug zu tun, bis sie die Gesellschaft versorgen und den »Unmüßen« betrüglicherweise lau Wasser statt des erhitzenden Tees unter die Milch mischen (erst die konfirmierten Töchter sind zum Tee avanciert). Der galante Vikar nimmt aber der Alwina für eine Weile das Geschäft ab.

Nun der Tee getrunken ist, marschieren die »Unmüße« in ihre Betten ab; das Gerät wird auf dem Seitentisch flink und in aller Stille gereinigt, die große Lampe wird angezündet, die Schwestern sitzen mit dem Strickzeug um den Tisch, und nun wird's recht still und recht behaglich, der gute Engel der friedlichen Häuslichkeit zieht durchs Zimmer.

Adelheid, der die Abendstunde ihr höchstes ist, bringt jetzt das Buch, und der Vikar beginnt die allabendliche Vorlesung. Der Vater ist sehr sorgsam in Auswahl der Bücher für seinen gemischten Zuhörerkreis; bald sind es Reiseschilderungen, die den kleinen Zirkel in ferne, fremde Regionen tragen, bald sind es geschichtliche Bilder, die sie in vergangene Zeiten zurückversetzen, bald merkwürdige Erlebnisse und wunderbare Führungen aus dem Leben frommer Menschen oder eine schöne, herzerhebende Dichtung. Fragen und Bemerkungen dazwischen sind erlaubt, und würden all die Zwischengespräche mit den Büchern wieder abgedruckt, so würden sie noch viel dicker als Campes »Robinson«. In der Regel ist das Publikum äußerst aufmerksam; wer aber schläft und doch noch nicht zu Bette gehen will, der wird verurteilt, ohne Licht etwas aus des Vaters oberem Zimmer zu holen.

So wäre nun demnächst ein Tag zu Ende. Aber er geht nicht wie alle andern Tage damit aus, daß die Leute zu Bett gehen und schlafen. Nur Geduld, heute geschieht noch etwas ganz Besonderes! Man las in Mungo Parks »Reisen«, und während dieser unermüdliche Forscher nach der Nilquelle spürte, war Alwina sanft eingeschlafen. Der Vater, der gerade las, sah auf, weil er an ein unaufgeschnittenes Blatt kam, und bemerkte die Schlafende. »Alwina«, rief er, »geh einmal auf mein Zimmer und hol mir mein beinernes Papiermesser auf meinem Pult!« Hocherrötend fuhr Alwina auf: »Ich habe nicht geschlafen, gar nicht«, und wurde fast böse über dem herzlichen Gelächter der andern. Doch machte sie sich sogleich auf, um das Messer zu holen, schon hört man sie draußen im Gang nach dem Weg krabbeln; noch ehe sie aber ganz oben sein kann, fällt's plötzlich dem Vikar ein: »Ach, Herr Pfarrer, ich habe mir heute erlaubt, Ihr Papiermesser zu nehmen. Fräulein Alwina kann es im Dunkeln nicht finden, erlauben Sie, daß ich ihr leuchte!« Und rasch hatte der galante Vikar ein Licht angezündet und flog die Treppe hinauf; aber es dauerte unendliche Zeit, der Mungo Park stand immer am Nilufer, kein Vikar, keine Alwina, kein Papiermesser kam. »Angelika, nimm den Wachsstock und sieh, wo sie bleiben!« sagte die Mutter. Angelika ging, aber sie kam auch nicht mehr. Da wurde der Vater ganz ungeduldig: »Anna, geh du! Du findest im Dunkeln den Weg.« So ging auch noch die Anna, und schon glaubten die Kinder, es gehe wie in dem Märchen von der klugen Else, und sie alle, nebst Vater und Mutter, werden noch nach müssen. Siehe, da geht die Tür auf! Angelika und Anna schreiten voran mit Kerze und Wachsstock und mit dem Jubelruf: »Vater, Mutter, ein Brautpaar!« Hinter ihnen führt der Vikar Alwina an der Hand, die glüht wie eine Purpurrose, und er fragt schüchtern: »Lieber Herr Pfarrer, wollen Sie mir nicht Ihre Tochter Alwina anvertrauen?«

Das war ein Erstaunen! Die Schwestern hielten vor Verwunderung den Atem an; jetzt ging erst der Adelheid ein Licht auf, warum Alwina ein Sträußchen bekommen und nicht sie, obgleich diese das französische Gedicht heute viel schlechter rezitiert hatte.

Die Mutter hatte wohl schon so etwas geahnt, der Vater aber nicht; der Vikar war der einzige Sohn reicher Eltern und hatte die Zusicherung, eine gute Pfarre zu bekommen; dem stand die Wahl unter den Töchtern des Landes offen, wie würde er wohl eine von seinen armen elf Mädchen wählen? Dem Vikar aber dünkte die frische, fleißige und frohherzige Alwina reicher als alle Prinzessinnen der Welt.

Nun, zu bedenken war da wenig; mit Freudentränen nahm die Mutter, mit Lächeln der Vater die Hände der beiden. »Gott segne euch, meine Kinder«, sprach der Vater, »mit Frieden und Freude, wie er uns gesegnet hat!« – »Und mit weniger Mädchen«, flüsterte ihm doch die Mutter ins Ohr.

»Aber werden auch Ihre Eltern einverstanden sein?« fragte besorgt die Mutter. Der Vikar versicherte, er habe längst die freudige Zustimmung der Seinen, da er diesen Entschluß schon lange im Herzen trage, aber bis jetzt noch nicht Gelegenheit gefunden, sein Wort anzubringen.

Wie es gekommen, daß über des Vaters Falzbein die beiden

sich so schnell gefunden, das blieb noch ein Rätsel. Jetzt aber war der Damm des Schweigens bei den Mädchen gebrochen: lächelnd, jubelnd, errötend grüßten sie den neuen Schwager. Anna und Adelheid schlichen sich beiseite, um zu sehen, ob es nicht möglich wäre, noch einen Punsch zu fabrizieren; der Vater aber schlug endlich, um den fröhlichen Lärm zu bewältigen, einen Choralgesang vor. Der neue Bräutigam mußte sich ans Klavier setzen, Agnes, die heute mit einer wahren Engelstimme sang, stimmte den schönen Choral an: »So führst du doch recht selig, Herr, die Deinen«. Und so schloß dieser wichtige Tag im Pfarrhaus mit Dank und Freude.

Nicht alle Tage hatte bisher solch ein Jubel geschlossen, das sagt das verbleichte Gesicht und die matte Gestalt der Mutter, die etwas gefurchte Stirn des Vaters. Viel mühevolle Tage, viel schlaflose Nächte hatte es gekostet, bis diese blühende Töchterschar auf eigenen Füßen stehen, mit eigenen Händen sich regen konnte, bis sie fröhlich und frisch wie Ölzweige den Tisch umgaben. Aber auch diese Tage und Nächte waren vorübergegangen, Geduld, Gottvertrauen und Liebe waren als köstliche Saaten unter Sturm, Frost und Regen aufgekeimt.

Nicht jeder Tag war so wie dieser in vollkommenem Frieden verlebt worden. In den elf Köpfchen und Köpfen wohnten elf Sinne, von denen oft jeder recht haben wollte, in den elf Herzen keimte neben der guten Saat auch viel Unkraut. So war der Friede gar vielfach gefährdet, so daß die sanfte Mutter nicht immer imstande war zu schlichten und der Vater ein kräftiges Schiedsrichteramt üben mußte.

Aber jeder Morgen war begonnen worden mit herzlichem Gebet, und der Nachklang davon ließ nicht so bald schlimme Geister aufkommen. Jeder Abend war mit Gebet und Gesang beschlossen worden, und eines der Kinder hatte am Schluß das Gebet des Herrn gesprochen, und wer vom Herzen gebetet: »Vergib uns unsere Schuld, wie wir vergeben«, über dessen Groll wird keine Sonne untergehen.

Und welcher Segen kann für eine ganze Herde ein einziges Schäflein werden, das ganz dem Hirten eigen ist! Ein solches war Beate, die stillste, die schwächste, die unscheinbarste, die unbegabteste der Schwestern. Sie war der Friedensengel, sie die süße Quelle, die nichts Trübes und Bitteres in sich aufkommen ließ, die es leise wegspülte, wo es bei andern sich angesetzt. Wenn es unter den Kleinen einen Streit gab um Spielzeug oder Obst und dergleichen, da war es Beate, die mit lächelndem Gesicht ihren Anteil zum Opfer brachte oder das von allen Verschmähte für sich nahm; wo die Mädchen sich zankten um das Recht, mitzudürfen, da war sie stets bereit, dazubleiben und hatte immer einen Grund, warum sie besonders gern daheim war; bei den gemeinsamen Spielen hatte sie nie einen Willen als den, der zum Frieden führte. Das abgetragenste Kleid fand sie noch recht nett, den angebrannten Brei allzeit noch gut. Nichts war für sie gleichgültig, was andern unangenehm war, nichts vergaß sie, was andern Freude machte.
Sie selbst wußte es nicht, und die andern ahnten es nicht, welches Kleinod dies stille Kind für sie alle war. Die Mutter aber wußte es und dankte Gott mit Freudentränen für diese Perle.

Was aus den elf Schwestern geworden, ist nun freilich die wichtigste Frage, und da wir nicht dem Lebensgang jeder einzelnen folgen können, so erfahren wir es wohl am sichersten aus einem Brief, den zehn Jahre nach jenem Verlobungstag Alwinas Amalie den Schwestern aus – Amerika schrieb.
Vier Jahre waren schon vergangen, seit die elf Schwestern als Waisen das geliebte Vaterhaus verlassen hatten, ohne andern Reichtum als der Eltern Segen, Gottes Schutz, genügsame Herzen und fleißige Hände. Vater und Mutter ruhten im Grabe. Den kräftigen Vater hatte ein Nervenfieber weggerafft, das ihn an einem Sterbebett ergriffen; dieselbe Krankheit riß der Mutter zarten Lebensfaden ab, ehe sie das Weh fassen konnte, das ihr mit dem Tode des geliebten

Gatten geschehen war. Sie starb mit Bewußtsein, aber ein trostreicher Engel schien ihr sonst so verzagtes Herz gestärkt zu haben. Denn als ihr brechendes Auge auf die weinende Töchterschar um ihr Lager fiel, da schaute es mit zuversichtlichem, strahlendem Blick nach oben; segnend breitete sie die Hände über ihre Kinder, und von den erblaßten Lippen klangen die trostvollen Worte: »Gott wird euch nicht verlassen.«
Und nun zu Amaliens Brief, der an Alwina, als an die Familien-Älteste, gesandt wurde:

»Geliebte Schwestern!
Gott wird euch nicht verlassen, war das segnende Abschiedswort unsrer lieben Mutter, und es ist bis auf diesen Tag in Erfüllung gegangen. Dich, liebe Alwina, hat er an den eigenen glücklichen Herd geführt und dein Haus gesegnet, daß es noch Zuflucht und Heimat für die Schwestern werden kann.
Friederike, das Nesthäkchen, der Mutter und unser Liebling, ist unter eurer Obhut geborgen. Luise, der Unmuß, findet bei deinen Mädchen und Bübchen genug zu tun für ihre flinke Hand und noch flinkere Zunge, und Lottchen, der Unmuß Nr. 2, kommt nun sogar als glückliche Braut unter dein Dach, um bei dir für den Ausbau ihres Nestchens zu sorgen und von dir einst zum Altar geleitet zu werden.
Sage ihr, der lieben Braut, jetzt die Hauptperson, vor allem unsre herzlichsten Glückwünsche. Nach der herben Dienstzeit unter der gestrengen Frau Geheimrätin wird ihr der Aufenthalt bei dir und dereinst unter dem eigenen Dach besonders wohl tun. Wir freuen uns, ihr hier einen Beitrag zur Bestreitung ihrer Ausstattung senden zu können, geben ihr aber den freundschaftlichen Rat, allen Luxus zu vermeiden, da ihr Zukünftiger dem Lehrstande angehört, der ja jederzeit reicher an geistigem als leiblichem Besitz ist. (Wir wünschen zu wissen, ob die Verlobung auch über einem alten Falzbein geschlossen wurde?) Das glückliche Brautpaar soll sich das

Warten nicht verdrießen lassen, Lottchen ist ja noch erstaunlich jung.
Gott hat uns nicht verlassen, möchte ich aufs neue beginnen. Er hat Agnes und mich glücklich übers Meer geführt, als wir vor vier Jahren anfingen einzusehen, daß übergenug Mädchen im Vaterland sind, und auszogen, unser Heil in der Neuen Welt zu sehen. Er hat uns guten menschlichen Schutz zugewendet, er hat unsern Fleiß gesegnet, so daß wir noch zwei von euch ein Asyl bei uns anbieten konnten und die Mittel, es zu erreichen.
Anna und Bertha sind wohlbehalten hier angekommen. Wir wollten euch nicht schreiben, bis wir unsern vierfachen Lebensplan für die Zukunft festgestellt hatten. Nun aber möchte ich, ihr könntet unsre neue kleine Residenz sehen! Wir haben ein kleines, sehr freundliches Haus in einer Vorstadt Bostons gemietet; der hübsche Garten daran gestaltet sich bereits prächtig unter Annas Hand, die von Sonnenaufgang bis Abend darin steckt. Mit den Blumen und Gemüsepflanzungen, zu denen sie Samen gebracht, hoffen wir seiner Zeit glänzende Geschäfte zu machen; unsre heimatlichen Rosen und Nelken sollen Aufsehen erregen in der Neuen Welt.
Bertha sitzt bereits in einem Meer von Hüten, Hauben und Bändern; ich hatte sie zuvor schon so gut empfohlen, und ihre Geschicklichkeit macht meiner Empfehlung solche Ehre, daß sie sich ein dienstbares Geistlein zur Hilfe wird beilegen müssen, das schon in dem Töchterlein einer armen eingewanderten Familie gefunden ist.
Agnes wird um mehr Musikstunden gebeten, als sie annehmen kann; ihr würdet staunen, wenn ihr hören könntet, wie herrlich ihre Stimme sich erhalten und ausgebildet hat! Das letzte Konzert allein hat ihr reichliche Ernte gebracht, mehr als unser vereinter Beitrag für Lottchens Aussteuer beträgt; sie liebt aber das öffentliche Auftreten und die geräuschvollen Demonstrationen des hiesigen Publikums nicht und zieht ihren viel mühsameren, aber stilleren Wirkungs-

kreis vor. Darum hat sie auch mit unsrer vollen Beistimmung einen neuen, sehr glänzenden Antrag auf die Bühne entschieden ein für allemal abgelehnt.
Meine Kunstbäckerei, um meine eigene werte Person nicht zu vergessen, geht ganz splendid; unsre vaterländischen Zuckerbrezeln, Gugelhopfen und Fleischpastetchen sind hier meist gerner gesehen als leider unsre lebendigen Landsleute. Hie und da geruhe ich auch noch, wie vor Zeiten daheim, mich im Wagen holen zu lassen, um das Arrangement großer Diners zu übernehmen, ziehe aber gleich unsrer Agnes die Tätigkeit daheim vor.

Ein jeder treib es, wie er's kann,
Ein kleiner Mann ist auch ein Mann.

Wie unaussprechlich wohl es uns ist, seit wir nun ein vierblätteriges Kleeblatt bilden, das könntet ihr euch erst recht vorstellen, wenn's euch möglich wäre, am Abend einen Blick in unsern *drawing room* zu werfen, wo wir nach abgetaner Tagesarbeit uns um unsern Teetisch setzen, der stets mit einem Abfall meiner Kunstprodukte reichlich versorgt ist. Wir haben uns wohl immer lieb gehabt, liebe Schwestern, aber ich meine, den ganzen herrlichen Segen der Familienbande lernt man doch erst in der Fremde kennen.
Ich muß manchmal an die Tante Kommerzienrätin denken. Als ich sie vor vier Jahren um einen Vorschuß zu unsrer Auswanderung bat, da schob sie ihre Brille hinauf und sah mich verwundert und geringschätzig an: ›Hm, hm, ist meiner Zeit nicht der Brauch gewesen, daß Mädchen auswandern. Wer schaffen will, findet im Vaterland sein Fortkommen.‹ Nun, die Tante kann recht haben, doch zweifle ich, ob mein Hausjungferngehalt und der Agnes' Musikstunden uns je im Vaterland zu einer so unabhängigen und sorgenfreien Existenz geholfen hätten.
Bei allem verhehle ich euch nicht, liebe Schwestern: wir haben eine Heimat hier, aber kein Vaterland. Es kommt kein

Sonntag, wo nicht eine recht innige Sehnsucht in uns erwacht nach deutschem Glockenklang, nach einem deutschen Kirchenlied und einem deutschen Familienkreis. Und im stillen sei's gesagt, so oft wir uns am Wachsen unsrer Ersparnisse erfreuen, so wächst die Hoffnung, daß wir dereinst früher oder später die Früchte unsres Fleißes in der lieben Heimat mit euch genießen können.

Mehr und mehr überzeuge ich mich, daß Angelikas Talent ihr hier weniger als im Vaterland Früchte tragen würde, selbst wenn ihre zarte Gesundheit die Seereise ertragen könnte. In diesem Land der Bewegung und des Wechsels nimmt man sich kaum Zeit zu einem Bilde zu sitzen: Daguerreotype, die in drei Minuten fertig sind, das ist amerikanischer Geschmack. So ist es viel besser, sie lebt wie bisher ihrer Kunst und pflegt ihre Gesundheit, was ihr ja um so viel leichter wird, seit sie im Hause der edlen, kunstsinnigen Gräfin eine Heimat gefunden. Ihre lieben seelenvollen Bildchen haben auch hier schon manches Auge und manches Herz erfreut; ihr teures Abschiedsgeschenk: eure und der Eltern Bilder, sind und bleiben die schönste und liebste Zierde unsres schönsten Zimmers.

Aber wird die Welt umgekehrt, daß unsre bescheidene Schwester Beate zu so hohen Ehren kommt? Von Königin und Prinzessinnen umarmt und beschenkt und zur Vorsteherin weiß nicht wie vieler wohltätiger Anstalten ernannt wird? Ist sie denn nicht vor Demut in die Erde versunken ob solchen Ehren, und wie nimmt sich denn die diamantenbesetzte Uhr auf dem unsterblichen dunklen Merinokleid unsrer lieben *sœur grise* aus? Wir könnten hier wohl auch solche Engel brauchen, liebe Beate, aber ihrer sind auch in der Heimat nie zu viel. Gehe du fortan als Engel des Trostes durch die Reihen der Leidenden, in die Kämmerlein der Bedrängten! – Ich freue mich von Herzen, daß du in dem Hause des würdigen Dekans auch die Freuden des Familienlebens nicht vermissen darfst.

Adelheid wird, wie ich denke, nicht zögern, den ehrenvollen

Ruf an die Erziehungsanstalt der Hauptstadt ihrer Gouvernantenstelle vorzuziehen, die, so einträglich sie war, doch eine freudlose und undankbare geblieben ist. Wir freuen uns herzlich dieser Wendung, die zwei unsrer lieben Schwestern wieder zusammenführt. Auch Adelheid tat besser, im Vaterlande zu bleiben: Erzieherinnen dieser Art werden hier weder gesucht noch geschätzt, die jungen Damen aus höheren Kreisen werden in Pensionen ›schnellgebleicht‹.

Noch eins sei euch im Vertrauen gesagt: wenn wir dereinst den schönen Plan ausführen, ins Vaterland zurückzukehren, so wäre möglich, daß wir nimmer vollzählig kommen. Ein Sohn des Doktor M., der unser treuer Schutz auf der Überfahrt war, spricht besonders häufig bei uns ein, seit die Schwestern hier sind, und er gibt Anna nicht undeutlich zu verstehen, wie gut eine so rüstige gewandte Frau für seine Farm passen würde. Was soll aber aus unserm Garten werden, wenn Anna sich dereinst entscheidet, auf die Farm zu ziehen!

Auch mit Bertha weiß man nicht, wie es werden wird. Ein längst hier angesiedelter Landsmann, der in unsrer Nachbarschaft wohnt, hat immer etwas zu fragen und zu sagen bei uns und unterhält sich überaus gut mit der fleißigen Putzmacherin. Er treibt ein sehr blühendes Gewerbe – welcher Art, schreibe ich aber noch nicht, eure verwöhnten Näschen könnten sich noch in angeborenem Vorurteil rümpfen; hier denkt man darüber anders. Einstweilen nur so viel, daß er ein sehr gebildeter und sehr frommer Mann ist. Er scheint fast zu ernst für unsre heitere, flüchtige Bertha, und doch findet er großes Gefallen an ihr und scheint zu glauben, daß oft auch in glatter zierlicher Schale ein guter Kern stecken kann.

So habe ich nun, wie die Mutter pflegte, uns alle an den Fingern zusammengezählt, und wenn ich so unsern Lebensgang bis hierher überdenke, so bleibt mir nichts zu sagen übrig als das freudige Wort: der Herr hat's wohl mit uns gemacht! Wir haben früh daheim gelernt, uns zu fügen und uns zu rühren; das Brot, das für sechs verwöhnte Kinder nicht ausgereicht hätte, hat elf genügsame großgezogen. Wir haben – gedankt sei es unsern frommen Eltern! – früh gelernt, ein Bürgerrecht droben zu suchen; so waren wir nie heimatlos, noch ehe wir ein Plätzchen auf Erden gefunden, wo wir unser Haupt niederlegen konnten. Wir haben früh gelernt, mit unserm Pfunde zu wuchern und unsre Kraft zu brauchen, so daß die vielbejammerten elf Mädchen nun besser geborgen sind als manches einzige Töchterlein reicher Eltern.

Ob uns allen zusammen noch ein Wiedersehen auf Erden bestimmt ist? – Ich wage es kaum zu hoffen, es liegt in Gottes Hand. Wir alle aber haben die Hoffnung auf ein noch seligeres Wiedersehen, wo unserm treuen Vater das schöne Wort vergönnt sein wird: Ich habe der keines verloren, die du mir gegeben hast.«

Das humoristische Pfarrhaus

In einer der anmutigsten, am tiefsten ans Herz sprechenden Gegenden des lieben Schwabenlandes liegt ein nettes Dorf und darin ein Pfarrhaus, das man lange Jahre hindurch ein götterbegünstigtes, glückliches Haus nennen konnte; nicht allein, weil tüchtige Söhne und blühende Töchter dort aufwuchsen, weil Friede und behaglicher Wohlstand darin wohnten, sondern zumeist, weil der Herr, das Haupt und die Sonne des Hauses, zu dem gesegneten Geschlechte der Immergrünen gehörte, über deren Wiege schon ein beson-

Vorbild: Gustav F. W. Feuerlein (1781–1848) in Wolfschlugen; seine Frau, eine geborene Duvernoy, starb 1846. Ihre Tochter Auguste (1814–1857, verh. Eisenlohr) war mit O. Wildermuth eng befreundet; vgl. deren Buch »Auguste. Ein Lebensbild«, Stuttgart 1858.

ders heller Stern geschienen, weil er einen unversieglichen Quell frischen Lebens, heiterer Laune in sich trug, der erquicklich und labend das ganze Haus durchströmte. – Eine wundersame Gabe hatte der Pfarrer, allen Dingen des gewöhnlichen Lebens einen anmutigen, poetischen, fast märchenhaften Anstrich zu geben; durch alle Spiele seiner Kinder, durch alle anscheinenden Tändeleien, mit denen er sich beschäftigte, durch alle Unterhaltungen mit seinen Freunden und Gästen zog sich dieser zauberische Hauch.

Wie lockend klang schon am Morgen die Einladung zum Frühstück in der »Aurorahalle«! Und doch war das nur des Pfarrers Studierstube, gegen Morgen gelegen; nichts darin zu schauen von einer Halle, wohl aber Pfeifen, Bücher und Papiere samt dem wunderlichen Hermeshausrat, den seine zahllosen Lieblingsbeschäftigungen nötig machten – alles gefällig geordnet von der Hand der sorgsamen Hausfrau, eine heitere Mannigfaltigkeit, keine studierte Unordnung, wie sie heutzutage Mode ist, sondern eine unstudierte Ordnung. Aber das Hauptstück war am Mittelfenster des Zimmers ein kolossaler Vogelkäfig, Alhambra genannt, dessen Stil, wenn auch just kein maurischer, doch gewiß ein anmutiger war mit seinen Kuppeln und seinen Türmchen. Die gefiederten Gäste dieses zierlichen Palastes waren auch so stolz auf ihren schönen Kerker, daß sie lustig, wie im Freien, umherflatterten, piepten und sangen, aus den kleinen Bassins der Springbrunnen nippten und auf den grünen Tannenbäumchen umherhüpften.

Das allerbeste aber in der Aurorahalle war die freundliche Gestalt des Pfarrherrn selbst, stattlich und ungebeugt; sein frisches, fast noch jugendliches Gesicht, der Mund, den stets der gutmütige Humor umschwebte, dem man aber nicht so recht getraut hätte, wenn nicht so ein paar kleine, treuherzige Augen darauf heruntergeschaut hätten.

Die Fenster des heiteren Gemaches gingen in den »Park«; so hieß der kunstreich angelegte Pfarrgarten, der in einem etwa achtzig Schritt breiten Raume die mannigfachsten Anlagen,

Blumenbeete, ein Wäldchen, ein Labyrinth und was alles noch enthielt. In der Mitte stand die Laube, wo sonntagnachmittags die Familie sich sammelte, um in recht gemütlicher Ruhe zu »schwelgen«, das heißt Brot, Käse und Butter zu genießen.

Wie das schlichte Zimmer und der kleine Garten, so trug alles im Pfarrhause ein festliches Gewand, und dieser farbige Lebenshauch mußte sich zuerst über die Kinderjahre der heranwachsenden Jugend des glücklichen Hauses ausgießen. Die einfachsten Spiele wußte des Vaters poetischer Sinn zu färben und zu schmücken. Mit silbernen und goldenen Pfeilen schossen die Knaben aus ihren kleinen Armbrüsten, daß die hochfliegenden wie Sterne in der blauen Luft aussahen, und des Vaters geschäftige Hand hatte stets neue vergoldet, wenn sich die alten verflogen. Für die stürmischen Herbst- und Frühlingstage lagen sechs große Papierdrachen bereit, so daß, wenn sie über das Dorf flogen, das Geflügel sich ängstlich verkroch vor diesen Ungeheuern.

Einmal wurde über Berg und Tal eine »Sternenfahrt« angestellt zu einem unweit wohnenden Oheim, wobei man um Mitternacht ausfuhr, nur um die geheimnisvolle Zeit der schönen lauen Sommernacht zur Reise zu benutzen. Ein andermal wurde an der grünen Waldecke ein fröhliches Bankett mit den Freunden aus der Stadt begangen, um die Sonnenfinsternis zu beobachten, oder es zog die ganze Familie in den duftigen schönen Wald hinaus, auf Abenteuer, wie es hieß, und sie zerstreuten sich und zogen durch Hecken und Gebüsche, um sich am Ende nach langer Verirrung wiederzufinden. Da galt's, wer die merkwürdigsten Abenteuer zu erzählen wußte! Eins hatte fast gar ein Eichhörnchen gesehen und das andere wirklich einen Hasen, das dritte eine Quelle entdeckt und das vierte einen Schmetterling gefangen. Dem Vater aber, dem waren die allermerkwürdigsten Abenteuer aufgestoßen, Riesen und Drachen, verzauberte Fräulein und Zwerge – die Kinder waren die Mischungen aus Wahrheit und Dichtung in seinen Geschichten so gewöhnt, daß sie nicht dadurch verwirrt wurden. Dann wurden die Zigeunerfamilien heimgesucht, die häufig draußen an der Waldecke lagerten, und der Pfarrer ließ die Kinder einen Blick in ihr abenteuerliches Treiben tun; auch nahm er manchmal ein paar der braunen Gesellen noch in der Nacht mit nach Hause, um seine Frau mit einem Ständchen zu überraschen, obgleich sie sich vor den schwarzen Burschen entsetzlich fürchtete.

Und die Winterabende, die köstlichen Winterabende, wenn draußen der Schnee fiel und in der warmen Stube der Vater mit Mutter und Kindern um den Tisch saß und die Spinnrädchen schnurrten! Und dazu die schönen Geschichten, vom Vater vorgelesen und mit seinen eigentümlichen Bemerkungen gewürzt, die eine eigene Wunderwelt in die einfache Pfarrstube zauberten!

Auf alle Kinderphantasien und Spiele, die sonst von den Eltern allerhöchstens geduldet oder belächelt werden, ging er mit vollem Ernst und dem angelegensten Interesse ein, und das vor allem machte diese Kinderzeit so reich und schön. Und dann noch die Familienfeste! Diese Sonnenblicke der nüchternen Häuslichkeit, die für das äußere Leben sind, was der Sonntag für das geistige – Tage, wo die Kinder von selbst brav sind und die Eltern nicht zanken. Wie reich an Festen war das Pfarrhaus! Geburtstage des Vaters, der Mutter, der verstorbenen Großeltern sogar, der Eltern Verlobungs- und ihr Hochzeitstag – die alle standen wie helle, farbige Blumen unter Küchengewächs in der Reihe der gewöhnlichen Tage und erhielten die Herzen frisch.

In all diesem Wechsel von Freuden und Genüssen stand dem heiteren Spender dieser Lust die gute Pfarrfrau zur Seite, ein wahres Wunder einer nachgiebigen Ehefrau, die alle die bunten, oft seltsamen Einfälle des Gatten nicht nur geduldig gewähren ließ, sondern auch mit der besten, freundlichsten Laune auf sie einging. Mochte der Pfarrer ihre Waschkammer zum Vogelhaus und zur Kaninchenhöhle einrichten, mochte er lebendige Meisen in der Stube halten, die zwar die Mücken fingen, aber zugleich die weißen Vorhänge jämmerlich beschmutzten, mochte er mit seinen Erfindungen und Beschäftigungen ihre netten Zimmer mit unermeßlichem »Gruscht« (laßt das unübersetzbare schwäbische Wort passieren!) erfüllen: sie keifte und klagte niemals, sie freute sich jedes Gelingens, tröstete über jedes Mißlingen und wußte mit leiser, nie störender Hand immer wieder Licht in das Chaos zu bringen.

Stets hatte der Pfarrer ein freundliches Wort, einen harmlosen Scherz auf der Lippe. Nur wenn er ernsthaft wurde, mußte man auf der Hut sein, denn sein größtes Gaudium war, in ernstem, trockenem Tone irgendeine fabelhafte Neuigkeit, eine merkwürdige Reisenotiz mitzuteilen. Gelang es dann, den Gast zu gespanntem Aufmerken, zu einem Ausruf der Verwunderung zu bringen, dann brach die ganze mitverschworene Familie, Söhne und Töchter, in den schallenden Ruf aus: »Bemorscht, bemorscht!« und der »Bemorschte« brauchte eine gute Weile, um sich wieder in eine höfliche und respektierte Verfassung zu bringen.

Mit jungen Neffen und sonstigen Kindern, die gar häufig die Ferien im allzeit fröhlichen Pfarrhause zubrachten, ging er in dieser Beziehung fast grausam um. Er erzählte ihnen so wunderliche Dinge, daß die Burschen oft nicht mehr wußten, was wahr und falsch sei in der Welt. Einer lief einmal zwei Stunden weit nach einem Bergkirchlein, um zu sehen, ob es wirklich, wie der Oheim gesagt, ein mächtiger Dom sei, über den man ein Verkleinerungsglas gestürzt.

Der tiefe, feste Grund im Wesen des Pfarrers war aber eine innige, warme Seelengüte, ein Bedürfnis, glücklich zu sein und glücklich zu machen, das auch seinem Humor jeden Stachel brach, der hätte verletzen können, das ihm die heitere, lebensvolle Färbung gab. Zeuge dieses warmen Herzensgrundes war auch die Liebe, mit der ihm fast ohne Ausnahme das ganze Dorf anhänglich war, denn für den puren Humor an sich haben unsre Bauern bekanntlich wenig Sinn. Er gehörte nicht zu den schreiblustigen Pfarrern, die um jeden kleinen Dorfzwist, um jeden fehlenden Ziegel auf einer Armenhütte mit Pontius und Pilatus korrespondieren; aber eine offene Hand ist besser als eine fertige Feder, und viel tausend Zwistigkeiten, deren Grund sein helles Auge durchschaute, hat sein freundlich verständiges Wort geschlichtet, ehe sie vor den Gerichten zum unheilbaren Schaden wurden. Jedem Fragenden, jedem Bedrängten stand sein Ohr offen, und aus dem zutraulichen herzlichen Gruß der Leute, wenn er durchs Dorf ging, ließ sich leicht hören, daß er war, was ein rechter Pfarrer sein soll: Freund und Vater seiner Gemeinde.

Neben diesem guten und festen Grunde seines Wesens mahnte sein Tun und Treiben oft an ein Kaleidoskop, das stets wieder neue und überraschende Bilder hervorbringt. Mochte er auch immerhin seiner aufblühenden Jugend hie und da geschenktes Konfekt konfiszieren und es selbst verzehren mit der Versicherung: »Seht, das ist mir gesund, weil ich der Vater bin. Euch wäre es schädlich!« – sie haben darum nur um so bessere Zähne behalten; oder den Neffen Studenten ihre patenten Stöcke dabehalten und sich schönstens für das Geschenk bedanken – sie hatten junge Füße, um darauf heimzugehen, und sind doch gern wiedergekommen. Ich glaube, es hat ihm nie jemand etwas nachgetragen, nicht einmal seine Braut die Verlegenheit, in die er sie brachte, als sie mit einem gleichfalls verlobten Vetter gemeinsame Brautvisiten machten und dann die beiden Bräutigame beim feierlichen Abschied an der Treppe, angesichts der begleitenden Damen vom Haus, rittlings das Treppengeländer hinabrutschten und den versteinerten Bräuten überließen, zu Fuß nachzukommen.

Nicht zu zählen waren die Erfindungen und Beschäftigungen, bei denen die rastlos tätige Phantasie des Pfarrers oft hohen Sinn in kindisches Spiel legte. Sein erstes und letztes Stekkenpferd, dem er treu blieb bis zum Tode, waren die Vögel, die er bald frei im Zimmer, bald in einer eigens zum Vogelwald geschmückten Kammer hegte, bis er später viele schöne

Stunden auf den Bau ihrer Paläste verwendete, die bald in gotischem, bald in byzantinischem, bald in maurischem (stets selbst erfundenem) Stile aufgeführt wurden. Diese Vogelhäuser, die den Raum eines ganzen Fensters einnahmen und ins Freie gingen, waren wahre Vogelparadiese mit grünen Bäumlein und lebendigen Springbrünnlein. Er hegte darin keine vornehmen Vögel: Papageien oder Kanarienvögel, nur vaterländische Vogelarten, die unsern Sommer und Winter im Freien ertragen können, Meisen, Finken, Emmerlinge, und sie wiegten sich fröhlich auf den Stänglein ihres luftigen Palastes und schauten verwundert in die Spiegelgläser, die oben in der gewölbten Kuppel angebracht waren. Gewiß haben auch diese Vögelein ein märchenhaftes Traumleben geführt und die goldene Freiheit nicht beklagt.

Dann tauchte eine minder lebendige Leidenschaft auf, die doch auch ihren Grund in der innerlichen Lust hatte, den geheimen Gängen der Natur zu lauschen: es wurden Thermometer verfertigt, ganz kunstvolle und nie dagewesene. Man wußte wirklich nicht, war mehr die namenlose Geduld des Pfarrers zu bewundern bei ihrer Ausführung, oder die der guten Hausfrau, welche die tausend Gegenstände respektieren mußte, die zu diesem Werk nötig waren und ihre Tische bedeckten. Endlich schloß er diese mühevollen Arbeiten ab mit einem Hauptstück, an dessen Spitze als Vignette die Hand der Ehefrau auf die Thermometer einen Bannstrahl schleudert.

Drauf wurden transparente Lichtschirme verfertigt, die Uhren vorstellten, in deren Mitte das Werk einer alten Taschenuhr gesetzt wurde; ob sie aber später noch gegangen sind, weiß ich nicht. – Dann machte er Zauberspiegel, zusammengesetzt aus tausend verschieden gestalteten Spiegelgläsern, in der Mitte eine Camera lucida, so daß dem Hineinschauenden sein Bild in den wunderlichsten Formen entgegenblickte. – Und nun kam es an eine kunstvolle Ausarbeitung seines Familienstammbaums, auf dessen in bürgerlicher Ehrenhaftigkeit fleckenlose Mitglieder er so stolz sein durfte als irgendeine Erlaucht. Der wurde aufs zierlichste geschrieben und dann in sieben ineinander liegende schön gearbeitete Kapseln gelegt, die er Särge nannte und denen er die mannigfaltigsten Formen gab: der äußerste war schlicht, dann wurden sie immer schöner bis zum innersten, der mit goldschimmernden Blumen, Sternen und Vögeln aufs wundersamste besetzt und geschmückt war.

Während seine farbenreiche Phantasie sich so in den Werken seiner Hand spiegelte, ging ebenso rastlos die Tätigkeit seines gebildeten, immer jungen Geistes fort. In seiner Jugend hatte er begeisterte Vaterlandslieder gedichtet, hatte auch die Fackel seines gutmütigen Humors geschwungen und sich durch Satiren auf die Weiber das ganze Geschlecht zum Feinde gemacht, während keine einzelne ihm je feind geworden war. – Das erste Werk seiner reiferen Jahre war eine metrische Übersetzung seines Lieblingsdichters Schiller ins Lateinische. Die langen Nächte, die diese mühsame Arbeit verschlang, hat niemand gezählt als die treue Hausfrau, die es manchen Seufzer kostete, wenn sein Licht eben gar nicht erlöschen wollte.

Das geistige Leben im Pfarrhaus gestaltete sich natürlich immer bewegter, je mehr die Jugend heranwuchs und ihre eigenen Elemente hineintrug. Da wurden in den Ferien Trauerspiele verfertigt, zu denen jedes eine Szene beitrug, herzerschütternde Trauerspiele, rührend komische Stücke. Das liebste Spiel aber war ihm, Rätsel aufzugeben, eines der letzten Steckenpferde dieses rätsellosen Gemütes – Rätsel von so eigentümlicher, humoristischer Art, daß der Schlüssel zu seinem ganzen Wesen dazu gehörte, um sie zu erraten, Vexierrätsel mitunter, mit denen man sich wochenlang abquälen konnte, während die Lösung unmöglich war, da er sich selbst gar nichts darunter gedacht.

Wie sich selbst, verstand er auch andern Freude zu machen, große Lust mit kleinen Mitteln hervorzurufen, und zeigte dabei einen bei Männern seltenen Zartsinn, eine unvergängliche Herzensjugend. Nur in gewöhnlicher Weise durfte nichts geschehen, und die Formen, unter denen er seine Überraschungen bereitete, waren manchmal mehr als sonderbar. Vor allem ergötzte es ihn, seine gute Hausfrau immer wieder in neuer Weise mit einem Geburtstagsgeschenk zu überraschen.

Einstmals, als die Kinder zum großen Teil schon nicht mehr im Vaterhause waren, dagegen aber die Tochter mit den Enkeln zum Besuch es belebte, war streng verboten worden, des Geburtstags zu erwähnen. Erst nach Tisch sagte er: »Ja so, heut ist der Mutter Geburtstag, schad, daß ihr nicht auch was Besonderes aufgetischt habt! Eine Schokoladetorte wäre zum Beispiel nicht übel.« Und ehe er noch das Wort gesprochen, trat die Magd ein, eine herrlich duftende Schokoladetorte präsentierend. Natürlich verwunderte sich die gute Mutter gehörig und freute sich dieser gemeinnützigen Überraschung. Am zweiten Tag sprach man nach Tisch von dem gestrigen Präsent. »Mandeltorte, Frau, magst du aber, glaub ich, doch noch lieber?« fragte der Pfarrer. »Das ist natürlich«, sagte die Frau, »die ist aber auch noch viel kostbarer«, und in dem Augenblick schwebte eine Mandeltorte über ihrem Haupt, mit der die Tochter leise hinter sie getreten war. Nach gehörigem Jammer über den großen Luxus wurde diese zweite Torte zu unbeschreiblichem Jubel der Kleinen verteilt. Am dritten Tag lenkte der Pfarrer wieder das Gespräch auf die Torten. »Ja höre«, meinte die Frau, »so üppig darfst du meinen Geburtstag nicht mehr feiern. Wenn ich aber noch einen erlebe, so kannst du eine Meringentorte bestellen, das ist doch das beste.« Siehe da, wie auf einen Zauberschlag erschien unter der Pforte ein weißgekleideter Konditorjunge mit einer hochgetürmten Meringentorte!

Es hatte den Pfarrer nicht geringe Mühe gekostet, diese Überraschungen einzuleiten, und kostete ihn noch größere, die Frau mit diesem unerhörten Luxus zu versöhnen, der aber zumeist den Enkeln und vielen Gästen zugute kam.

Er hatte entdeckt, daß in das Fenster eines seiner oberen Dachkämmerlein stets der erste Strahl der aufgehenden

Sonne fiel. Sogleich beschloß er, daß daselbst eine neue Aurorahalle erbaut werden solle.

Bei der Herrschaft kam man um Herstellung einer Vikariatsstube ein, was dem nun gealterten Pfarrer, der sich bisher sehr anspruchslos erwiesen, gerne gestattet wurde. Die Frau war dagegen: »Wir brauchen ja die Stube nicht und haben keine Möbel dazu.« – »Ach, das gibt sich! Wir haben schon noch so was Altes zum Hinaufstellen.« – »Nein, das verstehst du nicht, wir haben kein entbehrliches Stückchen.« Trotz dieser Einreden schritt der Bau voran, war aber der Frau dermaßen ein Stein des Anstoßes, daß sie nicht zu bewegen war, danach zu sehen. Als ihr Geburtstag wieder kam, sagte ihr der Pfarrer zum Morgengruß seinen herzlichen Glückwunsch. »Sonst hab ich diesmal nichts für dich, ich werde zu alt, um für Überraschungen zu sorgen.« – »Tut nichts«, sagte die freundliche Hausfrau, »ich bin ja auch zu alt, um noch auf Überraschungen zu warten.« Nach dem Frühstück sagte er im Geschäftston: »Hör, einmal mußt du nun doch mit mir hinauf und sehen, was man für Möbel in die neue Stube braucht.« – »Ich meine, an meinem Geburtstag hättest du mir den Verdruß ersparen können«, sagte die Frau verstimmt und schickte sich langsam an, ihm zu folgen. Der Pfarrer mit der langweiligsten Eheherrnmiene, die er auftreiben kann, schreitet voran und öffnet die Tür. Da war nun die Aurorahalle im schönsten Glanz der Morgensonne, die sich an den schneeweißen Wänden spiegelte, mit einfachem, geschmackvollem Gerät vollständig eingerichtet, alles neu, frisch und blank, wie für eine junge Braut.

Auf einem wundersam zusammengesetzten Spiegeltischchen von eigener Fabrikation hatte das alte Kind sich selbst Weihnachten beschert: da standen die seltsamsten, grotesken Figuren in Porzellan, Dragée und Guttapercha, die er nur hatte auffinden können. Alle Repräsentanten seiner Kunsterzeugnisse schmückten das niedliche Gemach: Thermometer, Lichtschirme, Zauberspiegel und die sieben Särge, in denen der Stammbaum verwahrt lag. – »Also darum mußt ich gestern drei Stunden lang spazierenfahren!« rief die gerührte Frau, »und darum war die Sophie hier und ging wieder, ehe wir heimkamen!« Ja, Sophie, die älteste verheiratete Tochter, hatte alles nach des Vaters Angabe besorgt und eingerichtet. Die vielverschmähte neue Aurorahalle wurde nun der liebste Aufenthalt der Pfarrfrau, ein freundliches Asyl, wo das alte Pärchen wieder zu den lieben Erinnerungen der Brautzeit und der Honigmonde zurückkehrte.

Abermals kam ein Geburtstag. Es war jetzt gar stille im Haus, weder Kinder noch Enkel waren darin. Diesmal glaubte die selbstvergessene Hausfrau in allem Ernst, daß niemand ihres Geburtstages gedenken werde. Früh, als sie noch im Bett lag, bringt ihr der Mann ein Büschelchen Spargeln. »Liebe Alte, nimmt vorlieb! Sonst habe ich nichts zu deinem Geburtstag.« – »Ist genug, ich hätte gar nicht geglaubt, daß du daran denkst, dank dir herzlich!«

Später schickte sie sich an, in die Waschküche zu gehen. »Wohin willst du?« fragte der Mann. – »Nur in die Waschküche, ich lasse heute einseifen.« – »Ei, warum fängst du ein solches Geschäft an am Geburtstag?« – »Nun, es muß eben sein, ich bin ja kein Kind mehr.« Sie geht zur Waschküche und öffnet die Tür, verwundert, daß sich Magd und Wäscherin noch nicht dort eingefunden. Der lieblichste Blumenduft strömt ihr entgegen, statt Seifengeruch und Waschdampf! In den leeren Waschzubern stehen die schönsten Blumentöpfe, Oleander, Kamelien, Rhododendren, die hohe Aristokratie der Blumenwelt, an die sich indes kaum ihre bescheidenen Wünsche von ferne gewagt; auf dem Deckel des Waschkessels die herrlichste Teerose mit ihren feinduftenden Blüten.

»Der Herr Pfarrer haben die Wäscherin auf übermorgen bestellt und der Keuerleber (des Pfarrers Leibkutscher) steht mit dem Chaischen drunten.« Wohl oder übel mußte die überraschte Frau sich von den Wäschgedanken trennen und zu einer Lustfahrt zu der Tochter entschließen.

Manche solcher Überraschungen könnten nun freilich dem wohlhabenden Pfarrer doch als Luxus verübelt werden, wenn nicht seine Hand sich ebenso bereitwillig geöffnet hätte, wo es nicht ein eigenes Vergnügen galt. Der arme Taglöhner, dessen Kinder der Pfarrer im Vorübergehen hatte um Brot weinen hören, fand bei seiner Nachhausekunft einen gutgemessenen Scheffel Korn in seinem Häuschen. Der dürftige Provisor sah mit Schrecken, als er aus der Schule kam, seine Zimmertür offen, seinen Kasten erbrochen, sein einziges ärmliches, geflicktes Sonntagsröckchen gestohlen, und erst abends stillte sich sein Jammer, als er beim Zubettgehen einen vollständigen, nagelneuen, soliden Anzug unter seiner Decke fand.
Nicht für alle ist es möglich, nicht für alle ist es ratsam, so mit vollen Händen zu geben; wer es kann und darf, dem ist es zu gönnen, und verarmt ist der Pfarrherr nicht dabei.
Daß sein fröhliches Leben auch ein gutes Leben gewesen, daß auf dem Grunde seines klaren Gemüts nicht nur der Erde helle Seiten, sondern auch der ewige Himmel sich spiegelte, davon hat er die letzte, die schönste Probe gegeben durch ein schönes, friedevolles Ende, dem er festen Blickes entgegensah. Am selben schön gelegenen Orte, wo er seine junge Frau eingeführt, wo die Wiege all seiner Kinder stand, blieb er bis zum letzten Tag, wo man ihn an seiner Gattin Seite niederlegte zur tiefsten, letzten Ruhe.
Du zürnst mir wohl nicht, du freundlicher Pfarrherr, daß ich dein lebenswarmes Bild noch einmal heraufbeschworen. Möge ihm im Tod noch gelingen, was ihm im Leben so oft gelang: freundliche Gesichter und frohe Herzen zu machen!

Das genügsame Pfarrhaus

Das genügsame Pfarrhaus ist eigentlich gar kein Pfarrhaus, wenn man nämlich darunter ein ordentliches, zu diesem Zweck bestimmtes amtliches Gebäude versteht, das von der Finanzkammer unterhalten, vom Kameralamt besichtigt und vom Bauinspektor revidiert wird. Gerade deswegen ist es genügsam, weil es keines ist, und doch an Friede, Freude und Wohlbehagen so reich als das beste Pfarrhaus im ganzen Schwabenland. Um das zu sehen, wollen wir nur ein paar Tage in dem Pfarrhaus miterleben. Wir treten an einem Samstagabend ein, wo durch alle Pfarrhäuser ein festlicher Vorhauch des Sonntags weht oder doch wehen sollte!

Eben werden die schmutzigen Gassen des kleinen Dorfes, das zu arm ist, um ein Pfarrhaus zu bauen, von einigen fleißigen Weibern in erträglichen Stand gesetzt. In der Reihe der Bauernhäuser steht ein etwas größeres, das sich durch nichts auszeichnet, als daß zwischen einer tiefen Gülle und einer Dunglege von massiverem Gehalt ein recht reinlicher Weg zu der geteilten Haustür führt. Das Parterre, durch dessen geöffnete Fenster die Hühner freien Aus- und Eintritt haben, sieht eben nicht besonders einladend aus; im oberen Stock dagegen sind die Fenster so spiegelhell, als es ihre teilweise Altersblindheit nur immer zuläßt. Schneeweiße Gardinen von der Art, die man sonst Neidhämmel nennt (ein Name, der aber bei unserm genügsamen Pfarrhaus schlechterdings nicht angewandt werden darf), und ein Blumenbrett, ziemlich roh gezimmert, auf dem Levkojen-, Goldlack- und Nelkenstöcke so zierlich geordnet stehen, daß kein Mensch ahnt, daß sie eigentlich in zerbrochenen Milchtöp-

Vorbild: Karl A. Kayser in Hegenlohe, Oberamt Schorndorf; die Schwester blieb ledig.

fen blühen, geben dem Ganzen ein so freundliches Ansehen, daß wir nicht fehlgehen, wenn wir in diesem bescheidenen Lokal das Surrogat fürs Pfarrhaus vermuten. Wir behalten uns die Einsicht in die Zimmer für später vor, da sie nun eben geschlossen sind, um ihren Sonntagsputz nicht zu verderben, und gehen in das Gärtchen hinter dem Haus. Ein kleines Stückchen Land, aber hübsch in Ordnung, und prangend in all dem Glanz einer ländlichen Flora mit Pechnelken, Sonnenblumen und Gretchen im Busch. In der Ecke ist ein Holunderbaum zu einer Art von Laube gezogen; auf der schmalen Bank, vor dem höchst ungekünstelten Tisch darin, sitzt ein junges Mädchen, ruhig mit einer Handarbeit beschäftigt, von der sie gar oft auf den Feldweg hinausblickt, der sich am Gärtchen hin dem Walde zuzieht. Das runde anspruchslose Gesichtchen sieht zwar noch zu jung und mädchenhaft aus den blauen Augen, um schon einer Pfarrfrau zu gehören; wäre ich aber Pfarrer, ich dächte, ein solches Gesichtchen mit dem unnachahmlichen Ausdruck des Frohsinns und innerlicher Zufriedenheit müßte eine Zierde für das schönste Pfarrhaus sein, auch wenn es von keinem schöneren Schmuck als dem verschossenen blauen Kattunkleidchen und der schwarzen Schürze gehoben wäre, die »Jungfer Klara«, so ist sie im Dorf genannt, heute trägt.

Außer dem Ersehnten, den sie von dem Feldweg her zu erwarten scheint, muß sie neben sich auf der Bank noch etwas besonders Anziehendes auf einem Teller haben, denn sie guckt hie und da mit stillem Vergnügen unter die grünen Blätter, mit denen es bedeckt ist, wie um sich zu versichern, ob es auch gewiß noch vorhanden sei. Jetzt aber erscheint auf dem Fußweg eine lange, schmale, schwarzgekleidete Gestalt, die gar niemand anders sein kann als der Amtsverweser, der als Surrogat für den Pfarrer dies Pfarrhaussurrogat bewohnt.

Klara will ihm freudig entgegenspringen, aber mit Rücksicht auf den verborgenen Schatz in der Ecke, der dann entdeckt werden könnte, besinnt sie sich und näht eifrig an den

Überschlägen fort, die sie eben aus dem einzigen Batisttaschentuch verfertigt, das sie von der Konfirmation her besitzt. »Ei, ei, Klärchen, immer sitzen an dem schönen Abend?« sagt der eintretende Bruder, »und du hast mir doch von einer Menge wichtiger Gänge gesagt, die du zu machen hättest...« – »Oh, ich sitze kaum seit zehn Minuten«, rief Klara, ihm freundlich die Hand bietend. – »Aber warum bist du nicht mit mir gegangen? Es war so gar schön draußen«, sagte der Bruder. – »Herr Bruder, Herr Bruder!« sagte Klärchen, lächelnd mit dem Finger drohend, »das ist die pure Heuchelei. Meinst du, ich habe neulich nicht gehört, wie du zum alten Pfarrer von N. sagtest: so lieb dir sonst Gesellschaft zum Spazierengehen sei, so sehr ziehst du's vor, am Samstagabend allein zu gehen, weil unter freiem Himmel die schönste Studierstube sei. Und das ist ja so ganz natürlich«, fügte sie begütigend hinzu. »Jetzt aber setz dich nur zum Essen! Du wirst hungrig sein, du bist gar lang gegangen. Unsre Milch ist schon seit einer Stunde angerührt, tut aber nichts, sie wird immer besser durchs Stehen; nicht wahr, wie lauter Rahm?« meinte sie, indem sie die grüne irdene Schüssel aufdeckte und die Teller und zinnernen Löffel zurechtlegte. Der Bruder nahm Platz auf der Bank, so gut es ging, sprach das Tischgebet, und die Geschwister schickten sich zur Mahlzeit an, unbeirrt von jeweiligen Vorübergehenden, deren Neid durch das frugale Mahl keinesfalls geweckt werden konnte, wenn auch hie und da ein Blick in das grüne Versteck fiel. »Wie froh ich war«, hob Klara unter dem Essen an, »daß ich nicht mit dir ausgegangen bin! Ich hab eine solche Freude gehabt!« – »Das wäre?« lächelte der Bruder, schon bekannt mit der Beschaffenheit der »großen Freuden« seines Schwesterleins. »Hat etwa die alte Henne wieder ein Ei gelegt?« – »Ei, lach mich nur aus!« sagte Klärchen ernsthaft, »das ist doch gewiß ein Glück, daß die alte Henne, die ich so wohlfeil gekauft, nur um dir eine recht gute Suppe zu kochen, nun erst wieder anfängt zu legen, so daß ich schon das sechste Ei von ihr habe! Es ist aber was andres diesmal. Zuerst kam Müllers Hannchen und brachte mir den schönsten Blumenstrauß – so schön! Du wirst dich wundern, wenn du hinaufkommst, und ich fragte sie, ob ihr auch daheim erlaubt sei, die schönen Blumen zu brechen. Da sagte sie, sie hab's ihrem Vater selbst gesagt, und dem sei's ganz recht, und du weißt doch, wie dir der Müller feind war wegen des Mehls, das du für die Armen kommen ließest. Da hat mich's nun so gefreut. Gelt, jetzt kann er doch nichts mehr gegen uns haben? – Und dann noch was, aber du lachst mich aus?« – »Behüte!« sagte der Bruder mit seinem ernsthaftesten Gesicht. – »Da ist die kleine Marie der Hausfrau, die wollt ich schon seit drei Tagen eine Schleife knüpfen lehren, das Kind wollte aber durchaus nicht und wurde ganz unartig, so daß ich sie gehen ließ und selbst ärgerlich über sie war; nun sagt mir die Hausfrau, sie sitze schon drei Stunden in einer Ecke und knuppere an einem alten Band. Auf einmal kommt sie zu mir heraufgesprungen, ›guck, Jungfer Klara, das geb i dir‹, und hat eine ganz rechte Schleife geknüpft – ist das nicht nett?« – »Herzig«, meinte der Bruder, »aber du vergißt ja ganz, Milch zu essen, und läßt sie mir allein.« – »Nein, so ist's nicht gemeint«, rief Klärchen und aß jetzt eifrig, um die Milchschüssel zu expedieren, und man konnte aus dem schlauen Ausdruck ihres Gesichtchens wohl vermuten, daß sie nachher noch einen wichtigen Staatscoup im Sinn habe.

Richtig, sie stellte die Milchschüssel samt Löffeln und Tellern vor die Laube und ließ nur das schwarze Brot auf dem Tisch. »Hör, Gustav«, fing sie nun an, »findest du nicht, daß die Milch wirklich immer recht gut ist?« – »Gewiß, gewiß, wie alles, was meine vortreffliche Mamsell Soeur bereitet.« – »Ach nein, im Ernst, schmeckt sie nicht ganz wie Rahm?« – »Ja, delikat, im Ernst.« – »Und nun sieh!« Und mit strahlendem Gesicht stellte Klara das verdeckte Gericht aus der Ecke auf den Tisch und enthüllte unter den grünen Blättern ein goldgelbes Bällchen frische Butter. Der Bruder wußte noch nicht recht, was das bedeuten sollte. »Ja sieh, das ist lauter Profit«, rief sie fröhlich in die Hände klatschend, »und du hast's gar nicht gemerkt! Ich habe gefunden, daß auch die abgerahmte Milch delikat wird, wenn man sie gehörig lang rührt, da habe ich sie schon seit acht Tagen abgerahmt und in einem irdenen Topf die Butter ausgerührt, und die kostet uns jetzt keinen Kreuzer!« – »Das ist aber ein enormer Luxus noch nach der Milch«, lächelte der Bruder, der ein großer Freund von frischer Butter war. »Ei, das ist auch nur für dich, eine kleine Vorspeise auf den Sonntag, mein Magen ertrüge das gar nicht; aber morgen abend siede ich dann von den köstlichen Kartoffeln dazu, weißt, von den blauen, dann haben wir gleich ein Sonntagsessen.« Und mit leuchtenden Augen sah Klärchen zu, wie der Bruder bedeutende Breschen in die ungehoffte neue Eroberung machte, so daß sie fast vergessen hätte, die Überschläge wieder vorzunehmen, die doch auch »lauter Profit« waren. Endlich fiel dem Bruder ein, daß die Butter auch noch eine Sonntagsmahlzeit geben müsse. Es wurde kühl im Gärtchen und Klara packte eilig das Gerät zusammen, hätte sie doch dem Bruder gern bei Tag gezeigt, wie schön jetzt das Zimmer mit Hannchens Blumen geschmückt war.

Das Wohnzimmer, zugleich des Bruders Schlaf- und Studierzimmer, war wirklich interessant durch seine Einrichtung, die, aus keiner Mode- oder Musterzeitung entlehnt, als ganz selbständige Tatsache dastand. Der große Kachelofen sprang so weit vor, daß eine Art Alkoven entstand, in welchem des Bruders Bett ein gesichertes Plätzchen hatte, was jetzt im Sommer sehr angenehm war, und auch im Winter nicht so beschwerlich, als man hätte denken sollen, da man zur Holzersparnis das Feuer bald ausgehen ließ. Der Amtsverweser machte dann seine Studien im Bett und Klara war in der Stube der Hausfrau drunten ein hochwillkommener Gast, wo sie allezeit etwas Hübsches vorzulesen oder zu erzählen hatte und damit einen Kreis junger Mädchen um sich versammelte. An dem einen Fenster, das ins Freie ging, stand ein sehr baufälliges Pult, das aber mit einer großen Konkordanz so wirksam unterstützt war, daß man seinen defekten Zustand kaum bemerkte. Äußerst symmetrisch waren in beiden Ecken des Zimmers zwei Koffer auf hochbeinigen Gerüsten aufgestellt, die der geschickte Knecht des Hausherrn nach Klaras Angabe konstruiert hatte; diese Koffer vertraten die Stelle von Weißzeugschränken, für die Kleider war »zum größten Glück« in der Kammer ein geräumiger Wandschrank vorhanden. Die Stube hatte noch zwei Fenster an der Vorderseite, die auf die Straße gingen. Zwischen diesen stand ein rechtes wirkliches Tischchen, das zugleich zur Speisetafel und zum Arbeitstisch für Klara diente, als Sonntagsputz aber mit einem alten roten Schal von Klärchen bedeckt war, der sich gebärdete wie ein eleganter Tischteppich (für festliche Gelegenheiten, Besuch aus der Nachbarschaft etc., hatte Klärchen auf dem Boden eine alte Falltür entdeckt, die sich mit gutem Erfolg als Tischplatte verwenden ließ). Über dem Tischchen hing ein Spiegel, dessen schiefziehendes Glas als eine gute Vorbeugung gegen die Eitelkeit dienen konnte, der aber mit einer Efeugirlande so hübsch dekoriert war, daß er in der Tat viel größer erschien, als er eigentlich war. Auf dem Tischchen nun standen in einem Milchtopf geschmackvoll geordnet die schönen Blumen aus Müllers Garten. Denkt nun von diesem Ameublement, wie ihr wollt: ich versichere euch, mit den weißen Vorhängen, dem reingescheuerten Boden und den hellen Fenstern nahm sich's so freundlich aus, als nur irgendein eleganter Salon, besonders wenn ein Paar helle blaue Augen, wie die Klärchens, es so seelenvergnügt betrachteten. Der Bruder bewunderte die Blumen gehörig und rühmte besonders den herrlichen Geruch als wirksames Gegenmittel gegen den Duft vom Kuhstall, der sich gegenwärtig sehr unangenehm bemerkbar mache.

»Nein, wie du undankbar bist!« sagte Klärchen vorwurfsvoll, »bist du denn nicht wirklich gesunder als je in deinem Leben, und glaubst du nicht, daß du das dem Kuhstall verdankst, dessen Ausdünstung so bruststärkend ist? Andre

Leute suchen mit Mühe und Kosten Wohnungen über Kuhställen auf, und wir haben's von selbst! Und noch dazu kommt der Geruch bloß durch die vorderen Fenster; wenn man die schließt und das andre öffnet, so kommt von weitem der herrlichste Waldgeruch herein!«

Nun mußte Klara das Geschirr reinigen und ein wenig nachsehen, wie Kathrine, die große Tochter der Hausfrau, die erst seit kurzem angefangen, unter ihrer Anleitung samstags die Stube hübsch herzurichten für den Sonntag, ihre Sachen angriff. Dann brachte sie die angezündete Lampe dem Bruder aufs Pult und setzte sich mäuschenstill zur Seite mit ihrem Strickzeug, um seine Studien nicht zu stören, bis die Stunde schlug, wo sie sich in die anstoßende Kammer, die an allerhöchster Einfachheit noch den Preis über die Wohnstube davontrug, zur Ruhe begab.

Der Sonntagmorgen war angebrochen so hell und schön, wie man sich nur einen Sonntagmorgen denkt. Obgleich Klärchen bereits in ihrem bescheidenen Sonntagsputz waltete, so war der Sonntagmorgen doch kein Ruhetag für sie. Zuerst hatte sie im Haus alles aufs sorgfältigste zu beschikken, dann half sie der Hausfrau ihre kleinen Mädchen strählen und zöpfen und eilte damit, um dem Bruder beizeit in seinen priesterlichen Ornat zu helfen, ehe sie, ein Weilchen vor ihm, zur Kirche ging, denn aus Ehrfurcht vor der geistlichen Würde wollte sie nie zugleich mit ihm gehen.

Jetzt aber war alles bereinigt, die Stube sah so sonntäglich und still aus wie ein Hauskirchlein. Der Bruder war schon gerüstet, und so standen die Geschwister, ehe das Läuten begann, noch still beisammen und sahen zu, wie die Dorfbewohner sich in kleinen Truppen zum Kirchgang anschickten. Da fühlte der Bruder einen Tropfen auf seiner Hand und sah erstaunt aufblickend Klaras Augen in hellen Tränen stehen. »Du weinst, Klärchen, was hast du?« Die sah aus ihren Tränen so freundlich wie ein Mairöslein. »Ach, laß mich! Es ist ja aus lauter Freude und Dank, daß mir's so gut geht; ja, und ich schäme mich auch, daß ich oft so verzagt und unmutig habe sein können. Weißt, nach der Mutter Tod, wie ich bei der Frau Base war, wo wir den Kaufladen hatten und dazu den Weinschank, da gab's eben gar keinen Sonntag. Wenn ich zehnmal ein Buch zur Hand nahm, mußte ich's zehnmal wieder weglegen; an die Kirche war oft in sechs Wochen nicht zu denken: da war ich manchmal recht trostlos, die ganze Woche kam mir ohne Segen vor. Nun schicktest du mir einmal den Spitta, wo ich in dem schönen Morgengebet die Strophe fand:

Ich bitte nicht: gib mir viel äußre Stille,
Nein, Herr, auch hier geschehe ganz Dein Wille,
Doch gib Du mir ein kindlich stilles Herz!

Das tröstete mich ein wenig, und ich versuchte im Herzen den Sonntag zu feiern, aber es wollte doch nicht recht gehen und ich meinte oft, ich werde in meinem Leben keinen Sonntag mehr haben. Und nun habe ich so schöne, stille Sonntage und darf das Gotteswort unverkümmert hören und von *dir*!« Der Bruder sah sie an, auch mit feuchtem Auge. Was *sie* ihm gewesen, wie sie, ohne zu ahnen, in sein durch Zweifel und lange Herzenseinsamkeit verstörtes Gemüt Licht und Frieden, Glauben und Lebensmut gebracht, das konnte er ihr nicht mit Worten sagen, darum behielt er's lieber im Herzen.

Das Glöcklein von dem alten baufälligen Kirchlein unterbrach Klärchens Freudenspsalm. Freundlich grüßend schloß sie sich dem Zug der Dorfweiber an, um so die Feier ihres Sonntags zu beginnen, der vom Kirchgang bis zum Abendspaziergang eine ununterbrochene Kette von Freuden für sie war.

So freudenreich sind aber nicht nur Klärchens Sonntage, nicht nur die Abende, wo sie einen so unerhörten Profit gemacht hat wie den mit der frischen Butter – sie hat für jeden Tag ein besonderes Vergnügen, und das größte darunter ist ihre Industrieschule, in die wir sie am folgenden Nachmittag begleiten.

Die Industrieschule ist keine neue Stiftung von Klärchen, sie hat sie schon vorgefunden, als sie vor einem halben Jahr des Bruders »ständige Amtsverweserei« mit ihm bezog – aber wie? Unter der Leitung einer halbblinden Nähterin kamen vielleicht sechs oder acht der vielen Mädchen im Dorf mit einer verwahrlosten Arbeit, freudlose, verdrießliche Geschöpfe, die durch das Keifen der Nähterin, durch das Geschrei kleiner schmutziger Geschwister, die ihnen nachgelaufen kamen, eben nicht aufgeheitert wurden. Schläfrig rückte das Geschäft vor, trotzig und mißvergnügt bei jedem Tadel der alten Lehrfrau liefen die Mädchen heim, wenn es ihnen einfiel. Den Müttern war der Wunsch der jeweiligen Pfarrverweser, die Kinder in die Industrieschule zu schicken, höchst ungelegen: »Geht schon viel Zeit mit der Schule darauf und die Mädchen lernen doch nichts.« Das Dorf war arm und der trübselige zänkische Geist, der sich leider so oft in die vielgepriesenen »friedlichen Hütten der Armut« niederläßt, hatte schon die Seelen der Kinder vergiftet.

Nun sah's anders aus, seit Klärchen hier waltete. Eine große Anzahl saubergewaschener Mädchen (es blieb keine gern zurück) sitzt schon vor dem bestimmten Stundenschlag in der Schulstube mit den unerläßlichen kleinen Geschwistern; die Vorposten, die von dem Schulhaus bis an Klärchens Haustür aufgepflanzt waren, um sie »auszupassen«, melden ihre Ankunft; die Kinder rüsten sich zum Empfang und ein Chorruf von »Grüß Gott, Jungfer Klara!« schallt ihr entgegen, alle Hände strecken sich aus, um den ersten Patsch zu bekommen. »Wer hat die saubersten Hände?« fragt Klärchen scherzend. »Ich, ich!« und jedes besieht die seinigen wieder und sucht etwaigen Schmutz mit dem Mund oder den Kleidern zu reinigen, während Klärchen allen nach und nach die Hand gibt.

Ehe sich nun aber die Lehrstunde ordnet, haben alle der Jungfer Klara etwas zu bringen oder mitzuteilen. Das eine hat ein neues Verschen gelernt, das andre ein Lob vom Schulmeister zu zeigen, eines kommt mit einem Sträußchen, das andre mit etwas Obst. Alle wissen etwas zu erzählen: bei dem Kätherle ist seine Dote gewesen, in des Ameiles Garten sind die Nägelein aufgegangen und das Agnesle hat gestern nacht den Sternwagen im Himmel gesehen, gerade so, wie's ihr die Jungfer Klara gezeigt hat. Ein kleines Mädchen sitzt ganz still und hat nichts zu geben und zu erzählen. »Aber, Bärbele«, fragt Klara, »du hast ja heut nacht ein Schwesterlein bekommen?« – »Jo.« – »Habt ihr eine rechte Freude?« – »Noa. Der Vater sait, er häb Mädla gnuag.« – »Ach, das ist ein Spaß vom Vater. Gib acht, wenn du recht fleißig wirst und ihm helfen kannst, so sagt er: wenn ich nur noch mehr so brave Mädchen hätte wie mein Bärbele!« Das Bärbele verzieht doch den Mund ein wenig zum Lächeln. »Und hast du schon gesehen, was das Schwesterlein für nette Händchen hat?« – »Noa.« – »Und für herzige Äuglein, wo aus jedem ein ganz kleines Bärbele rausguckt?« Das Bärbele schaute groß auf. Daheim hatte niemand von des Kindes Äuglein gesagt: »Jetzt gib nur acht, wie nett das ist, wenn es die Äuglein aufmacht, und hüt es recht fleißig, dann lacht's dich einmal zuerst an!« Dem Bärbele war das Schwesterlein nun auf einmal wichtig geworden, und sie konnte kaum erwarten, bis sie heim durfte.

Jungfer Jakobine, die alte Nähterin, die Klärchen in ihrer Würde gelassen und bestärkt hatte, kam jetzt an, die Mädchen gingen auf ihre Sitze und an die Arbeit, Klärchen sammelte die Kleinen, die seither auf dem Boden herumgekrabbelt, und sagte: »So, jetzt mach ich eine große Reise! Wenn ich wieder komme und ihr bekommt ein gutes Zeugnis von Jungfer Jakobine, so erzähle ich eine schöne Geschichte, und dann singen wir.« Das war nun ein Eifer unter den Mädchen!

Nun ging Klärchen mit den Kleinen in den Hof, wo sie statt allen kostbaren Spielzeugs einen Karren Sand hatte aufschütten lassen, eine unerschöpfliche Quelle der Belustigung! Da machte sie ihnen Gärtchen, Berge und Täler in dem Sand, bis es Zeit war, zu den Großen zurückzukehren. Das

ältere Mädchen, das nun an ihrer Statt die Kleinen hüten mußte, durfte dafür morgen zu ihr kommen und die versäumte Geschichte hören.
So verging der Nachmittag, und glücklich wie immer kam Klärchen heim. So hatte sie verstanden, leise und allmählich der Kinder Herzen aufzutauen und ihren Blick hell zu machen für die kleinen Freuden des Lebens, die jedem offenstehen, dem Reichen wie dem Armen: Blumen und Bäume, Kinder und Vöglein, alles wurde jetzt den Kindern zu einer Quelle der Lust – und in so vielen jungen Augen durfte Klara den Abglanz ihrer Herzensfreundlichkeit sehen.
Es war bald Abend, als sie nach Haus kam; da kommt ihr der Bruder eilig und sorgenvoll entgegen: »Klärchen, was anfangen? Wir bekommen einen Gast!« – »Ist das so arg?« fragte Klara lächelnd, »wir haben ja schon mehr gehabt.« – »Ja, aber nicht zum Übernachten! Mein Universitätsfreund Erne, den du auch einmal als Student gesehen hast, ist hier; er hat beim Schultheißen, zu dem er eben gegangen ist, ein Geschäft wegen eines Schuldners und will bei uns übernachten. Wo nehmen wir Platz her, wo ein Bett? Und das Essen! Erne ist verwöhnt, so ein reiches Muttersöhnchen!« Klärchen aber hatte mit der Geistesgegenwart einer echten Hausfrau bereits ihre Vorräte in Gedanken überschlagen (war freilich bald geschehen) und war schon beruhigt. Das Essen machte ihr keine Sorge: »Weißt du nicht, daß wir noch grünen Tee in der Büchse haben? Tee ist ein recht anständiges Abendessen; nur schad, daß unsre eigene Butter zu End ist! Aber ich weiß ein Weib, die heute ausgerührt hat. Freilich gehört zu einem eleganten Tee auch Schinken oder kalter Braten, das gibt's hier nicht. Aber halt! Weichgesottene Eier gibt man ja oft dazu, und ich habe ganz frische, weißt, von unsern eigenen.« Und Klärchen begann ihre Tafel zu rüsten und Anstalten zu treffen, ganz glücklich, daß sie so ein Haus mache.
Der Gast kam viel bälder, als sie erwartet hatten, und Klärchen hatte noch gar nicht ans Nachtlager für ihn gedacht!

Gar gern hätte sie die Herren ein wenig spazierengeschickt, um das große Problem zu lösen, wie man drei Betten aus zwei macht, aber es begann eben zu regnen und der Gast war so gut aufgelegt und unterhielt das Geschwisterpaar so lebendig, daß sie eine Weile ihre Sorgen vergaß. »Mit dem Schuldner, da war's freilich eine verdrießliche Geschichte und wenig Aussicht auf Bezahlung. Das ist nun das dritte Kapital von meines Vaters Erbe, mit dem ich in Gant gerate«, sagte er ärgerlich zu dem Pfarrverweser, »wie geht denn dir's?« – »Ich bin noch mit keinem Kreuzer in Gant gekommen«, versicherte der treuherzig. »Mit keinem Pfennig«, bestätigte Klärchen fröhlich lachend, indem sie aufstand, um ihren Tee zu servieren. Das Teegerät war etwas mangelhaft: ein irdener Kochtopf vertrat die Stelle der Teekanne, und um die Blätter abzuhalten, mußte der Tee durch den eisernen Schaumlöffel gegossen werden. Milch, Brot und Butter waren aber vortrefflich, und der Gast zeigte sich nicht als verwöhntes Muttersöhnchen, er tat der Bewirtung alle Ehre an. Aber inmitten der fröhlichen Unterhaltung und ihres wirtlichen Waltens fiel dem Klärchen die Beherbergung des Gastes wieder schwer aufs Herz.

Die Bäuerin hatte wohl drunten in dem Kämmerlein, das zugleich Klärchens Vorratskammer war, eine leere Bettstelle, in der vorzeiten der Ähne geschlafen hatte, aber das Bett darin war längst verteilt: nun hatte sie gedacht, aus Bettstücken von ihrem und des Bruders Bett ein drittes zu konstruieren. Aber der Gast saß just in der Stube, wo das des Bruders stand, und ihr Kämmerlein hatte keinen anderen Ausgang als durchs Wohnzimmer; dies Kämmerlein für den Gast zu räumen ging auch nimmer an, da es der unbedachte Bruder bereits als seiner Schwester Zimmer genannt hatte.

Nun kam aber dem Klärchen eine gescheite Idee: – sie ging hinunter und hieß in der Dämmerung das Mädchen der Hausfrau sich im Garten aufstellen, der unter ihrem Kammerfenster war, dann ging sie oben in ihr Kämmerlein und warf dem Mädchen das Bett hinunter. Einen Strohsack gab ihr die Bäuerin dazu, und sie und Kathrine räumten und kehrten und putzten die alte Milchkammer dergestalt her, daß sie einem ganz respektablen Gaststüblein – wenigstens einem Bruderloch, wie man Gaststübchen zweiten Ranges betitelt – ähnlich sah. Denn das Klärchen war ganz blutdürstig geworden und hatte jeden brauchbaren Artikel ihres Gemachs nach und nach hinuntergeworfen. Den netten, in Papier gefaßten Spiegel, den ihr der Bruder auf dem letzten Jahrmarkt gekauft, praktizierte sie unter der Schürze hinunter, Blumen schaffte Kathrine herbei: kurz, es machte sich höchst anständig, und Klärchen setzte sich wieder ganz unbefangen, als ob nichts geschehen wäre, zu den Herren. Der Bruder war indes wie auf Nadeln gesessen mit der heimlichen Frage:

Kann ich denn Betten aus der Erde stampfen?
Wächst mir ein Zimmer auf der flachen Hand?

Klärchen aber versichert nur so en passant, das Gastzimmer sei längst gerüstet. Wie, war dem Bruder ein Rätsel, und höchlich erstaunte er, als er ziemlich spät dem Gast hinunterleuchtete, die alte Rumpelkammer so gar nett zugestutzt zu finden.

»Aber, Klärchen, wie hast du's denn gemacht?« – »Ging alles ganz gut, leg dich nur schlafen!« rief Klärchen und ging eilig in ihr Stübchen, damit er nicht sehen sollte, wie sie es zugunsten des Gastes geplündert hatte.

Klärchen war früh am Morgen wieder wach und munter, um neue Anstalten zur Bewirtung des Gastes zu machen, der noch tief in den Federn steckte, ohne Ahnung, daß seine freundliche Wirtin sich mit dem Strohsack begnügt hatte. Nach langem Kampf, ob sie nicht sogar der profitabeln Henne ans Leben solle, entschied sie sich aber doch für eine andre Mahlzeit, die wie das Abendessen unter Lust und Scherzen verzehrt wurde.

Viel so luxuriöse Gäste hätte freilich das genügsame Pfarrhaus nicht brauchen können. Mit dem Quantum Kaffee, das

Klärchen heute zum Frühstück verwendete, hätte sie den Bruder wohl eine Woche lang erquickt, denn sie selbst trank keinen und behauptete, Milch sei ihr viel gesunder. Als sie gar noch des Nachbars Michele in die Stadt sandte, um Fleisch zu holen, und abermals einen Griff in des Bruders Pult machte, das die Kasse enthielt, da fragte der leise ganz ängstlich: »Wirst doch den Kronentaler nicht genommen haben?« – was den Gast, der's zufällig hörte, zu herzlichem Lachen brachte.

Nein, der Kronentaler war's nicht gewesen, und die glücklich einfallende Taufe aus dem Hause eines der Dorfhonoratioren hätte das Geschwisterpaar instandgesetzt, diese üppige Lebensweise noch länger fortzusetzen, wenn nicht der Gast wieder abgereist wäre.

Dieser Besuch und die äußerst honette Weise, mit der man ihn bewirtet hatte, füllte wieder ein neues rosenfarbenes Blatt in Klärchens Erinnerungen. Ob die holdselige Wirtin auch bei dem Gast einen so freundlichen Eindruck hinterlassen, so daß er noch den Versuch wagen wird, für sein schön ausgestattetes Pfarrhaus diesen Edelstein zu gewinnen, oder ob Klärchen noch das Glück erlebt, den Bruder in ein rechtes wirkliches Pfarrhaus zu begleiten, das bleibe der Zeit und der Phantasie meiner Leser überlassen.

Das gastfreie Pfarrhaus

»Ist das grünliche Haus dort ein Gasthof?« hätte in Endersbach wohl jeder Fremde gefragt, wenn nach Endersbach andre Fremde gekommen wären als eben in das grünliche Haus. Wer aber in das sanfte, fast schüchterne Gesicht der Hausfrau sah und die abziehenden Gäste beobachtete, die niemals mit langem Gesicht und leerem Geldbeutel, sondern

Vorbild: Eberhard L. Chr. Glöckler in Endersbach; seine Frau war eine geborene Faber. Die Ehe blieb kinderlos.

stets mit heiterer Miene und vollgepfropften Taschen abzogen, der konnte allmählich erraten, daß das kein Wirtshaus sei, sondern das Pfarrhaus des Orts.

In der Tat, es würden viele Gasthäuser für eine Frequenz dankbar sein wie die, mit der das Pfarrhaus zu Endersbach gesegnet war. Selten verging ein Tag, wo nicht zu Fuß, zu Roß oder zu Wagen Gäste eingesprochen hätten, höchst mannigfaltige Gäste: flüchtig einkehrende aus der nächsten Umgegend, »nur so auf einem Spaziergang«, die man dann mit einiger Mühe zum Längerbleiben nötigen mußte; Gäste über Mittag, Gäste über Nacht; recht dauerhafte, solide Gäste, um Luftkuren, Wasserkuren, Traubenkuren zu brauchen; perennierende Gäste sogar, die das Landleben recht aus dem Grunde kennenlernen wollten, die sich beim Buttern beteiligten, indem sie frisches Butterbrot in Menge verschlangen, beim Melken, indem sie kuhwarme Milch tranken, die sich mit einem Buch in der Hand beim Grasmähen in das duftende Heu legten, wenn es eben zusammengerecht war, die in der Ernte die ersten Erntekühlein aßen und im Herbst Trauben verzehrten, als müßten sie sich vorsehen bis an ihr Lebensende.

Da waren frühaufstehende Gäste, die den guten Pfarrer um seinen Morgenschlaf brachten, langschlafende Gäste, denen man den Kaffee bis neun Uhr warmhalten mußte, trübselige Gäste, die man aufheitern und schonend behandeln sollte, lustige Gäste, deren Gelächter den Trübseligen die Nerven angriff, Kindergäste, die das Obst unreif abrissen, des Pfarrers Lieblingskatze in den Schwanz kneipten und das Schwein in den Garten ließen, alte Gäste, die keinen Kinderlärm ertragen konnten: kurz Gäste von allen Arten und Sorten, die sich aber zuletzt unter dem gastlichen Dache des Pfarrhauses so friedlich vertragen lernten, als ob sie bei jenem Künstler in die Schule gegangen wären, der Katzen und Ratten, Tauben und Marder aus *einer* Schüssel speisen ließ.

Aber warum dieser erstaunliche Zulauf zu dem Pfarrhause? War es ein Muster von Eleganz, von komfortabler Einrichtung? War es ein Palast an Umfang? War es ein Sitz besonderen Geistesreichtums? Oder blühten liebliche Töchter darin? Nichts von alledem. Der Pfarrer spielte zwar Violine, war aber kein Paganini, noch Ole Bull; die Pfarrerin war ein guter, aber kein schöner Geist, das Pfarrhaus ein alter Rumpelkasten; Kinder hatten sie keine, als eben die, die ihrer gerade bedurften. Wo also stak der Zauber? Das ist schwer zu sagen, wenn er nicht in der lautern Güte, der selbstvergessenden Liebe und ungeschminkten Herzlichkeit bestand, mit der hier alle Gäste aufgenommen und beherbergt wurden.

Hier waren alle willkommen, nicht die zumeist, die ihnen Vergnügen und Unterhaltung brachten, nein, die, denen man geben, helfen und nützen konnte; und für die Freude, die Pfarrers andern bereiten durften, waren sie so kindlich dankbar, als hätte man ihnen das Größte gegeben. Was ihnen selbst angenehm und behaglich war, das hatten sie lange vergessen; daß sie nie mehr ruhig und in gewohnter Weise leben konnten, daran dachten sie nicht, sie hatten keine gewohnte Weise mehr. Wenn es regnete, fiel ihnen nie ein, daß sie nun doch vielleicht einmal in Ruhe bleiben dürfen – nein, sie beklagten nur die etwaigen Gäste, die bei solchem Wetter unterwegs sein könnten. Hatten sie an einem schönen Tage sich gerüstet, auch einmal einen Besuch zu machen, und wurden vor dem Hause von einem Gegenzug besuchender Nachbarn abgeschnitten, ach, da war's noch das größte Glück, daß sie nicht schon früher ausgegangen waren.

Eben dieser selbstvergessenden Güte wegen wurden sie auch nicht bloß heimgesucht von Freunden und Verwandten, vom Herrn Dekan auf der Visitation, vom Herrn Oberamtmann, wenn er Rügegericht, vom Notariatsassistenten, wenn er eine Teilung im Ort hatte: nein, sogar ambulierende Krämer, geistliche Kolporteure und dergleichen Leute suchten ein Obdach in dem mildtätigen Hause; selbst für auswärtige Maurergesellen, die im Orte arbeiteten, fand sich noch ein Dach-

stübchen, und für die armen fremden Weiber, die im nahen Wald Erdbeeren und Himbeeren sammelten, wie für unzählige Handwerksburschen wenigstens ein Freitisch.
Auf Eleganz und Komfort konnte dabei natürlich nicht immer Rücksicht genommen werden. Das Sofa des Wohnzimmers hatte schon seinen siebenten Überzug zerrissen, da mußte man aufs Dauerhafte sehen. Der Raum des Pfarrhauses war für eine gewöhnliche Menschenfamilie berechnet, nicht für ein Weltbürgerobdach. Darum ging es hie und da eng genug zu, und die Betten, so reichlich sie auch vorhanden waren, mußten oft geteilt werden. Aber es hätten steinerne Herzen sein müssen, die nicht aus dieser warmen Liebesquelle ein Tröpfchen Genügsamkeit in sich aufgenommen hätten. Unter allen Mühen und Verlegenheiten, die aus dem Konflikt verschiedenartiger Gäste hervorgingen, wandelte die Pfarrfrau mit demselben sanften, freundlichen Gesicht, überall aufmerksam, wo sie einen Wunsch erspähen, einem Mangel abhelfen könne. Selbst der Garten schien etwas von der Gabe überkommen zu haben, immer geben zu können, ohne arm zu werden, denn kein Gast wurde ohne einen duftigen Blumenstrauß oder süße Früchte entlassen, und doch blühte und duftete es drunten unermüdet fort.
Die Pfarrmagd war immer in Eile, stets im Amtseifer, selten ward ihr's so gut, sich in behaglichem Geplauder wo verweilen zu können, und eine Pfarrmagd plaudert doch so gern! Sie ist eine Art von Standesperson und sich ihrer Würde stets bewußt; ein Abglanz vom Nimbus des Pfarrhauses umfließt auch ihr Haupt, und wenn der Pfarrer sonntags recht erwecklich predigt, so schaut sie triumphierend in der Kirche herum: »Nicht wahr, mein Herr sagt's euch!«
Die Pfarrmagd in Endersbach aber konnte nicht oft sich in Ruhe dem Bewußtsein ihrer Würde hingeben; sie hatte nicht nur für die Gäste des Hauses zu sorgen, ihr ward auch das angenehme Amt, im ganzen Dorfe die Freude- und Hilfebringende zu sein.

Keiner soll nämlich glauben, über den Fremden seien die eigenen Ortskinder vergessen worden, gewiß nicht. Da war heute eine Wöchnerin, die eine kräftige Suppe brauchte, dort eine andere, der eine süße Weinspeise wohlgetan hätte; morgen eine Frau in gesegneten Umständen, die besonderes Gelüste nach einem gebratenen Huhn verspürte, oder ein altes Weib, das nichts mehr als Kaffee vertragen konnte; drüben lag der Nachbarin krankes Mädchen, die nur gekochtes Obst genoß, unten im Dorf der genesende Michele, der alles aß und nie genug hatte. Für sie alle reichte die Küche des Pfarrhauses, auf welcher der Segen jenes geweihten Ölkruges ruhte.

Ein Hauptreiz des Aufenthalts im Pfarrhause war auch, daß jedermann alles treiben durfte, was ihm zusagte, und in diesem Punkte vereinte es die schwäbische Gastlichkeit mit der freieren englischen Sitte. Man gab, was man hatte und konnte, man verlangte und erwartete nichts, als daß die Gäste vergnügt seien. Die Pfarrerin hätte womöglich noch einen Fischteich angelegt und eine Jagd gepachtet, um etwaige Jagd- und Fischliebhaber zu befriedigen. Die Gäste benutzten auch solche Freiheit zur Genüge und trieben, was ihr Herz begehrte. Nicht nur, daß sie spazierengingen, spielten, sangen, ja sogar tanzten, wenn es ihnen einfiel (wobei die Frau Pfarrerin sogar die Läden schloß, um keinen Anstoß zu geben): die Kinder warfen Scheiben ein, fielen Löcher in den Kopf und brachen Arme und Beine, Jünglinge und Jungfrauen fingen glückliche und unglückliche Liebschaften an, eine besuchende Frau kam in die Wochen, um dem kinderlosen Ehepaar auch den Genuß von ganz kleinem Kindergeschrei zu verschaffen, und ein langweiliger alter Herr starb sogar zu Gast, nachdem er sich zuvor wochenlang hatte verpflegen lassen.

Die Pfarrmagd hatte natürlich auch ihre Gäste auf eigene Hand, Brüder, Basen, Paten und sonstigen Anhang, und es war respektabel vom Hofhund, daß er nicht auch größere Zusammenkünfte mit befreundeten Hunden veranstaltete.

Gleich beim Beginn seines jungen Ehestandes hätte der Pfarrer seine Gastfreundschaft beinahe teuer bezahlen müssen. Es kam eines Tages ein seltsam und düster aussehender Mann in sein Dorf, der sich als Missionar zu erkennen gab und den Wunsch aussprach, hier eine Missionsstunde zu halten. Der Pfarrer räumte ihm bereitwillig die Kirche ein, ungeachtet ihm der Mann mit seiner düstern, heftigen Frömmigkeit nicht gefiel. Da das Wirtshaus des Ortes schlecht war, so boten ihm die guten Pfarrleute die Wohnung in ihrem Hause an, obwohl sie auf dieser ihrer ersten Stelle so beschränkt im Raume waren, daß die junge Frau ins Zimmer ihrer Mutter ziehen mußte, um dem Gast im Schlafzimmer bei ihrem Manne Platz zu machen.

Inmitten der Nacht wacht die Mutter an einem ängstlichen Traume auf; jetzt erst beunruhigte sie's, daß man den Pfarrer so ganz allein mit dem seltsamen Fremden gelassen. Sie steht endlich auf, um hinabzugehen und an der Tür zu lauschen; da alles still ist, geht sie wieder hinauf und legt sich zu Bette. Am frühen Morgen trafen sie den Missionär nicht mehr, der vor Tag abgereist war, der Pfarrer aber beklagte sich, daß ihn der unruhige Gast ganz um den Schlaf gebracht habe, da er die halbe Nacht im Zimmer auf und ab gegangen.

Nach langen Jahren, als der sonderbare Gast fast ganz vergessen war, kam ihnen in einem Missionsblatt der Bericht eines fremden Missionärs zu. Er erzählte darin, daß er sich vor Jahren auf einer Reise durch Deutschland in einer besonders trüben, heftig aufgeregten Gemütsstimmung befunden habe. Einmal sei er in einem Pfarrhause mit ungemeiner Güte aufgenommen und in des Pfarrers eigenem Schlafzimmer beherbergt worden. Da, in stiller, schlafloser Nacht, sei ihm der Gedanke gekommen, ob er nicht am besten täte, den Pfarrer so in all seiner Herzensgüte, in der Fülle seines Glücks aus dem Leben zu schaffen, ehe ihn der Hauch dieser bösen Welt vergifte. Er habe die ganze Nacht mit diesem Gedanken gerungen, ihn aber zuletzt niedergekämpft und

sich vor Tage entfernt, um ihn nicht am Ende doch noch auszuführen. Die guten Pfarrleute überlief's kalt, wenn ihnen die schauerliche Liebeserweisung einfiel, die ihnen zugedacht gewesen war; ihr gütiges Herz ward aber dadurch nicht abgeschreckt.
Ein so unheimlicher Besuch hat nie mehr die gastliche Schwelle überschritten, und erst die Hand des stillen Gottesboten, der stets zur rechten Stunde kommt, hat das unsichtbare Schild eingezogen, das das Pfarrhaus zu einem so gesuchten Gasthofe machte: eine offene Hand und ein liebevolles Herz.

Das geizige Pfarrhaus

War ein recht sauberes, geräumiges Haus, sah aber demungeachtet nicht erstaunlich einladend aus; ein gewisser frostiger Hauch schien es zu umwehen, selbst in warmer Sommerzeit. Jahraus jahrein waren Fenster und Läden nach vorne geschlossen, als ob keine Seele drin wohnte; ein dürrer, knurriger Spitz, der jedermann mit bissigem Ton anbellte, war das einzige Lebenszeichen, das man in der Nähe des Hauses verspürte.
Es wurde von Gästen auch nicht stark heimgesucht, das zeigte der grasige Vorhof, die grünangelaufene Steintreppe, die zum Hause führte. Anfangs war das anders gewesen; da der Pfarrer einen gastfreien Vorgänger gehabt hatte und das Dorf unweit einer kleinen Stadt liegt, so machten die Stadtbewohner aus alter Gewohnheit zahlreiche Visiten, und der Pfarrer kratzte sich täglich im Haar und sprach von Weg-

Vorbild: Johann C. S. Cranz in Steinenberg, später Plattenhardt; verheiratet mit Christine Ch. Reiniger.

melden auf die rauhe Alb, in ein Schwarzwaldtal, überallhin, nur nicht mehr so nahe zu einer Stadt.
Die Frau Pfarrerin tat ihr möglichstes, die Gäste wenigstens so unschädlich zu machen, als sich mit einigem Schein der Ehrenhaftigkeit vertrug. Sie reiste in eigener Person in eine Glashütte, um daselbst auserlesene dünne Flaschen mit langen Hälsen auszusuchen, die mit dem Äußern einer Halbmaßflasche den Gehalt eines Schoppens vereinigten. Sie kaufte ausgeschossene Tassen aus einer Porzellanfabrik, recht anständige Tassen, nur daß sie erstaunlich klein waren und nie eine obere zur unteren paßte. Das Brot im Hause war von höchst ehrwürdigem Alter, man konnte sich fast nicht erinnern, wann es gebacken worden; sie hätte es für Schiffszwieback verkaufen können. Wäre die Frau Pfarrerin ehrgeizig gewesen, so hätte sie auf ein Erfindungspatent für ihren Kaffee Anspruch machen dürfen, denn der war aus Roggen und gelben Rüben mit einem solchen Minimum echten Kaffees bereitet, wie gewiß nie erhört worden. Von Backwerk war natürlich ohnehin keine Rede. Nur einmal, als die Frau Dekanin da war, hatte man glücklicherweise Reisbrei gekocht und konnte dessen Scharre, mit Zucker und Zimmet bestreut, als Dessert aufstellen.
Trotz dieser umsichtigen Anstalten wurde aber eben dennoch einiges, wenn auch noch so wenig, durch die Gäste verzehrt. Siehe, da kam der Pfarrer auf den edlen Gedanken, daß jedesmal, nachdem Besuch dagewesen war, im Hause gefastet, wenigstens kein Wein und Kaffee genossen werden solle, bis die verursachten Unkosten wieder gedeckt seien. Wer hat je die Gastfreundschaft mit so teurem Opfer ausgeübt! Auch mochte wohl das Ehepaar nicht viele dieses schweren Opfers wert halten; es war bald sehr selten zu Hause zu finden, und man munkelte stark davon, daß ein ankommender Besuch, der alle Zimmer leer traf, den Schlafrockzipfel des Herrn Pfarrers habe zum Ofenloch herausgucken sehen. Diese Kunde schreckte nun auch die unverdrossensten Gäste ab, und von nun an durften sie ihren

Roggenkaffee und ihren kunstreich mit Wasser und Heidelbeersaft versetzten Wein ungestört allein genießen.
Ein schwerer Schlag war es für sie, als die immer mehr sinkende Gesundheit des Pfarrers (er litt infolge der spärlich geheizten Zimmer an Rheumatismen) einen Vikar nötig machte, und es brauchte langer Nachforschungen und Beratungen, ein Individuum aufzufinden, das gehörig genügsam und bescheiden erschien. Es sollte kein Reicher sein, »die sind so verwöhnt und anspruchsvoll«, kein Armer, »denn die wollen sich in einem ordentlichen Hause erst herausessen«, keiner Witwe Sohn, »der könnte der Mutter etwas zustecken wollen« (wäre eine Kunst gewesen), keiner aus der Nachbarschaft, »der könnte zu viel Anhang nach sich ziehen«. Endlich war der Glückliche erkoren, den das Schicksal einer solchen Schule der Genügsamkeit für würdig hielt. Der hat gewiß seinerzeit einen vortrefflichen Ehemann abgegeben und das »Verwöhntsein« ist ihm bei keiner späteren Versorgung mehr im Wege gestanden. Er hat mehr geleistet als der Gaul jenes Edelmanns, der da hatte lernen sollen, nichts zu fressen, und leider krepierte, als er's konnte. Dieser Vikar aber lernte das Nichtsessen und lebte doch fort.
Am Abend seiner Ankunft, an einem kühlen Novembertag, sah er sich in dem spärlich möblierten Stüblein, das ihm der Pfarrer anwies, vergeblich nach einem Ofen um. Da schob der Pfarrer triumphierend einen Schieber am Fußboden zurück, so daß eine ziemlich weite Öffnung in die Wohnstube unten entstand, und machte ihn mit dieser seiner eigenen sinnigen Erfindung bekannt. »Sehen Sie: bekanntlich steigt die Wärme nach oben; nun erhalten Sie alle die Wärme, die sonst nutzlos an unsrer Zimmerdecke verloren geht, und sind so offenbar gegen uns im Vorteil.« Das war nun freilich ein unlösbares physikalisches Rätsel, wie das bißchen Wärme in der Pfarrstube sich auch noch hinaufziehen und fühlbar verteilen sollte. Der Pfarrer lebte aber dieses festen Glaubens und war höchst indigniert, als der Vikar einst an

einem sehr kalten Wintertag die Frechheit hatte, seine beiden langen Beine durch die Öffnung hinabzuhängen.
Der Pfarrer ermahnte den Vikar stets, nachts das Loch sorgfältig zu verschließen, »weil das Warmschlafen so ungesund für junge Leute sei«. Das Schlafen war aber immerhin noch das Beste, und das Bett, das äußerst melancholisch aussah, weil es mit Trauerkattun bezogen war, den die Pfarrerin als Ladenhüter besonders billig erhandelt hatte, war der einzige Ort, wo er einigermaßen erwarmen konnte. Deshalb war der Vikar stets getrost, wenn ihm die Frau Pfarrerin sein fabelhaft dünnes Licht zum Schlafengehen anzündete.
Als beim ersten Frühstück der junge Mann unbefangen nach einem Wecken griff, mit dessen Hilfe er hoffte, den Roggenkaffee bewältigen zu können, fragte der Pfarrer erstaunt: »Können Sie einen ganzen Wecken essen? Das habe ich in meinem Leben nicht gekonnt.« Der verblüffte Vikar versicherte, er sei eben im Begriff, ihn zu halbieren. »Gut, dann rate ich Ihnen aber, Ihre Hälfte in Schnitten zu schneiden, das übrige läßt sich so leichter verwenden.« Mit dieser einen Szene ging dem vielgeprüften Jüngling eine Ahnung seiner Zukunft in diesem Hause auf: der Groschenwürste, aus denen die Frau Pfarrerin je achtundzwanzig Rädlein zu schneiden verstand, der hoffnungsvollen Gänse, die er vergebens mit froher Erwartung hatte schnattern hören, die aber ja nicht gebraten, sondern abgezogen und gesotten wurden, um ihnen jede Idee von Fett auszuziehen, und des Kalbsbratens, der viermal zum Nachtessen hinreichte, weil der Vikar gleich nach dem ersten dünnen Schnittchen gefragt wurde: »Begehren Sie noch mehr?«, und als er nicht wagte, dies zu bejahen, die Frau Pfarrerin die Platte eilig hinaustrug mit dem Schluß: »Ich esse nichts mehr, der Papa mag nichts mehr, der Herr Vikar begehren nichts, das Hermännchen kriegt nichts und die Magd braucht nichts mehr.«
In seinem Amt war der Pfarrer eifrig, wenigstens was den lukrativen Teil desselben anbelangt. Der Geldwert jeder Amtshandlung stand stets unverrückt vor seiner Seele. Als

er einst den großen Entschluß gefaßt hatte, einem Pfarrkränzchen beizuwohnen und dort von verschiedenen geistlichen Verrichtungen, unter andern auch von einer Parentation [Trauerfeier] die Rede war, fragte ein zufällig anwesender Fremder: »Was ist eine Parentation?« – »Ein Gulden«, rief unser Pfarrer sehr bestimmt über den Tisch herüber. Mit dem Ausdruck großer Zufriedenheit sagte er eines Tages zum Vikar: »Sehen Sie, hier ist mir eine Leiche lieber als in meinem früheren Dorf zwei Hochzeiten.«

Auch die Frau Pfarrerin verstand es, die lieben Beichtkinder gehörig auszubeuten, und wußte ihnen recht eindringlich ans Herz zu legen, wie es ihre Pflicht sei, ihren geistlichen Hirten mit leiblicher Provision zu versorgen. Als einst ein armes Weib mit leeren Händen zur Anmeldung kam und auf die saure Miene der Pfarrerin entschuldigend erwiderte: »Wir Leute haben eben so gar nichts, was wir mitteilen könnten«, meinte jene: »Nun, einen Korb Dünger könntet ihr immer auftreiben. Ihr wißt ja, daß wir viele Felder haben.« Ob es wahr ist, daß der Ehemann des Weibes so boshaft war, dem Herrn Pfarrer eine Bütte, gefüllt mit dieser Seele der Landwirtschaft, ins Studierzimmer zu tragen, das weiß ich nicht bestimmt.

Der Pfarrer hatte durchzusetzen gewußt, daß das zur Amtskleidung gehörige Barett aus dem »Heiligen« (Kirchenkasse) angeschafft werden mußte; von der Stunde an, wo dieser Antrag durchgegangen war, sah man ihn auf seinen täglichen Spaziergängen stets mit dem Barett statt eines Hutes auf dem Kopf, was ihm ein gar ehrwürdiges Ansehen gab. Dem Vikar riet er übrigens dringend vom vielen Spazierengehen ab, da es bei jungen Leuten den Appetit unnatürlich reize, was dann eine schädliche Überfüllung des Magens zur Folge habe.

Ein einziger Sohn, Hermann, war dieser harmonischen Verbindung zweier sparsamen Seelen entsprossen, und ein Glück war es, daß sie nicht mit mehr Kindern gesegnet war – ein Glück nicht nur für die etwaigen Kinder selbst, da doch vielleicht nicht bei allen die Hungerkur so gut angeschlagen hätte, sondern auch für die Pfarrleute, die sich gewiß vor der Zeit zu Tode gesorgt hätten, denn schon die Erwägung, wie dieser einzige Sprößling auf möglichst wohlfeile Weise genährt, gekleidet und unterrichtet werden könne, brachte ihnen so viele sorgenvolle Tage und schlaflose Nächte, daß minder gedörrte Naturen unterlegen wären.

Hermännchen zeigte früh schon einen sehr bedenklichen Appetit, der nur mühsam in Schranken zu halten war. Der freche Bursche hätte wohl schwerlich je gelernt, sich in die schmale Kost des Vaterhauses zu schicken, wenn er sich nicht in den Obstgärten und an den Brotlaiben seiner Dorfkameraden hätte erholen können. Unterrichten wollte ihn anfangs der Pfarrer selbst; solcher häusliche Unterricht ist aber für Väter und Söhne jedes Schlags jederzeit eine harte Nuß, und aller Liebesschmerz in der Welt ist nicht zu vergleichen mit dem Drangsal, das *amo* und *amavi* in väterlichen Schulstuben hervorgerufen. Der Pfarrer hatte zwar Niemeyers und Salzmanns Erziehungsschriften zuvor entlehnt und gelesen, demungeachtet endeten aber all seine Unterrichtsstunden mit jämmerlichem Geschrei von seiten des Söhnleins und heftigem Zorne des Papas, so daß oft das halbe Dorf zusammenlief. Auf die besorgliche Frage der Leute: »Warum schreit denn der Hermännle so?« erwiderte die Pfarrmagd geruhig: »Der Herr Papa tut ihn wieder unterrichten.«

Zu großer Erleichterung der Mama übertrug man später diesen Unterricht dem Vikar, bei dem es friedlicher zuging. Aber in die Länge ging es doch nicht mit dem Buben: er schleppte oft ganze Scharen von Kameraden mit ins Haus, verlangte Brot für sie und plünderte mit denselben den Apfelbaum, dessen Ertrag für Monate hätte ausreichen sollen; er fuhr, als Soldaten durchs Dorf ritten, mit dem Kopf durch die Scheiben – kurz, er beging zahllose Untaten. Als er nun eines Tages für das Geld, das er dem Schuhmacher hätte bringen sollen, von Jägers Ludwig einen Fuchs erhandelte und diesen heimlich über Nacht in Papas Studierstube sperr-

te, wo er saubere Arbeit machte, da war sein Maß voll, und man beschloß, ihn fortzuschaffen.
Der Pfarrer erinnerte sich, daß ein Gymnasialprofessor in Ulm ihm von den Studienjahren her noch eine ziemliche Summe schuldete, und beschloß, diesem nun seinen Hermann anzuvertrauen, damit er das Geld an demselben abverdiene. Aber wie wenig hatte Hermännchen in dem Elternhaus, dieser Schule der Genügsamkeit, profitiert! Wie wenig von den schönen Exempeln, die ihm die Mama erzählt, von jungen Leuten, die auf Schulen äußerst wenig, ja gar nichts gebraucht und mit Stundengeben noch arme Eltern unterstützt haben! Schon nach acht Tagen schickte er den Mantelkragen zurück, den ihm der Papa doch von seinem eigenen Mantel hatte abtrennen lassen, mit der Bemerkung, er wolle lieber gar keinen Mantel als so einen. Nicht genug: wenige Tage später schrieb er, die Beinkleider, die man ihm aus Papas alten hatte fertigen lassen, fingen sämtlich an zu brechen und zu reißen. Was nun tun? Kurz zuvor war Hermännchens Jugendgespiele, der schwarze Ziegenbock, krepiert; der wurde nun abgezogen und sein Fell dem Sohne zugeschickt mit der Weisung, sich daraus Hosen machen zu lassen, die gewiß dauerhaft ausfallen würden. Aber siehe da, der undankbare Sohn verschmähte das Bocksfell und verschaffte sich mit Hilfe der Frau Professorin neue Tuchhosen, welche die seufzenden Eltern bezahlen mußten.
Ganz hatte jedoch der Geist des Vaterhauses Hermännchen nicht verlassen. Er entlehnte ohne des Professors Wissen eines seiner Rasiermesser und schnitt damit aus dem verachteten Bocksleder Hosenstege, die er zu billigen Preisen an seine Schulkameraden absetzte. Dieser schöne Zug versöhnte auch die Eltern einigermaßen mit seiner sonstigen Üppigkeit. Was aus Hermännchen später geworden, weiß ich nicht. Die Pfarrleute aber haben, soviel ich weiß, allmählich die Scheu vor den großen Leichenkosten überwunden, sind zur Ruhe eingegangen und haben Hermännchen als gefaßten Erben ihrer zusammengesparten Schätze hinterlassen.

Noch ein gastfreies Pfarrhaus

Zwar ist schon so viel Liebes und Schönes von den Pfarrhäusern gerühmt worden, daß man sich neben all diesem Licht billig auch etwas Schatten gefallen lassen sollte, aber es wäre doch möglich, daß die ehrwürdige Geistlichkeit das geizige Pfarrhaus etwas übelgenommen hätte. Darum soll es denn zwischen zwei gastfreie, wie ein Hering zwischen fette Butterschnitten, gepackt werden als klarer Beweis, wie überwiegend in Pfarrhäusern das gute Element ist. Wer dann in dem geizigen hungrig geworden ist, der kann sich im gastfreien Nummer zwei wieder gehörig erholen.
Zu einem evangelischen Pfarrhaus gehören nach gewöhnlichem Begriff vor allem Mann und Frau, und so will ich, wenn ich auch für diesmal etwas weit ausholen muß, zunächst erwähnen, wie sie zusammengekommen sind.
Wer hat nicht in seiner Kindheit in »Tausend und eine Nacht« das schöne Märchen vom Prinzen Kameralzaman und der Prinzessin Badure gelesen! Ein Prinz und eine Prinzessin von gleich wunderbarer Schönheit, in gleich üppiger Umgebung, sind aus verschiedenen Gründen der Ehe abgeneigt, bis sie einander gesehen haben und dann durch den Beistand etlicher guter Genien, den bösen zum Trotz, zusammenkommen. In ähnlicher Weise hat einstens der gastfreie Pfarrherr seine Hälfte (es waren eigentlich zwei Dritteile) gefunden, nur mit weniger Schwierigkeiten, denn sonst hätt er's bleiben lassen.
Bevor er zur geistlichen Würde gelangte, war er »des Oberamtmanns Ferdinand«, die gute Stunde selber, wie seine Mama meinte: »Ich sag Ihnen, der Ferdinand hat Ihnen ein

Vorbild: Ferdinand Dinkelacker (gest. 1871) in Erligheim; verheiratet mit Henriette Fischer von Eybach.

Herz! So findet man keines mehr, alles läßt er sich gefallen.« Jawohl, alles, der gute Ferdinand! Er hat sich's gefallen lassen, daß man ihm bis ins vierzehnte Jahr die Strümpfe und Stiefel anzog, daß man ihm ein Chaischen anschaffte, darin ihn des Vaters Johann zur Schule fahren mußte, wenn es schmutzig zu gehen war; er hatte sich's gefallen lassen, daß beim Essen, wenn ihm die Suppe zu heiß war, der Johann kommandiert wurde: »Johann, verkühl Er dem Herrn Ferdinand seine Suppe!« Und als er durch kein ärztliches Zeugnis vom Besuch der Kinderlehre im Winter befreit werden konnte, da ließ er sich's auch gefallen, daß der Johann zuvor ein Bärenfell auf dem Platz ausbreitete, wo er stehen mußte. Das Institut der Prügelknaben bestand nicht mehr, sonst hätte seine Mama gewiß auch einen Stellvertreter besoldet, der die Tatzen des Präzeptors für ihn ausgehalten hätte. Da nun diese aber unter die Sachen gehörten, die er sich nicht gern gefallen ließ, so entschloß sich Ferdinand, ordentlich zu lernen, was auch gelang, da er einen guten Kopf hatte. Als die Mama für gut hielt, ihn zum Theologen zu bestimmen, ließ er sich's auch gefallen. »Was sollst du dich im Staatsdienst plagen, Ferdinandle? Wir haben's gottlob! Mit deinem Vermögen kannst du einen guten Vikar halten, und dann hat ein Pfarrer das beste Leben auf der Welt!« Ins Landexamen durfte Ferdinand natürlich nicht, aber es reichte doch glücklich zum Studium in der Stadt außerhalb des Seminars. Als er nahe an der Bedienstung war, da hielt es die Mama für Zeit, sich nach einer Frau umzusehen, die da würdig wäre, das ausgezeichnete Herz ihres Ferdinandle zu besitzen. Da ging just um diese Zeit ein Gestirn erster Größe auf in der Gegend, eine Pfarrtochter, aber was für eine! Von einer Gouvernante erzogen, in einer französischen Pension poliert, ein Wunder von Geist und Schönheit, die Klavier und Harfe spielte und drei lebende Sprachen redete! Da sie daneben noch reich war, so konnte es nicht fehlen, daß dies Phänomen von allen heiratsfähigen Jünglingen weit und breit gesucht und bestürmt wurde. Gleich jener Prinzessin

Badure war's ihr aber zu wohl daheim, als daß sie viel Lust zur Ehe gehabt hätte. Pfarrer hatten noch gar nicht gewagt, um die stolze Schöne zu freien, die Mama des Ferdinand aber, die gar viel von ihr reden hörte, setzte sich in Kopf, die Leonore müsse ihr Ferdinand haben, obgleich er selbst gar nicht geneigt war, seine goldene Freiheit und die gute Pflege der Mama aufzugeben.

Eine Gelegenheit zum Zusammentreffen gab sich leicht, und Ferdinand, als er die schöne Leonore gesehen, ließ sich's in der Tat gefallen, die nötigen Schritte zu tun, um sie zu erlangen. Es war der Mama eben gelungen, eine sehr anmutig gelegene Pfarrei für ihn zu erringen; da war's denn die beste Zeit für seine Bewerbungen, und es gelang ihm, was so vielen mißglückt war: die Festung ergab sich, so wenig er sich aufs Stürmen verstand. Vielleicht gewann eben seine außerordentliche Ruhe Leonorens bewegliche Natur, und da keine Lebensstellung in unsern hausbackenen Verhältnissen ihrem Geschmack entsprach, so wählte sie wohl am liebsten eine solche, die ihr am meisten Freiheit ließ, ihr Haus nach eigenem Sinn zu gestalten.

Das Hochzeitsfest wurde sehr glänzend gefeiert: keine Zimmetsternhochzeit, wo man die Gäste mit einem Kelch Malaga und einem Stückchen Backwerk wieder heimziehen läßt, ein recht solid schwäbisches Mittagessen, das von morgens elf Uhr bis nachts elf Uhr dauerte. Nach Tisch aber, beim Dessert, war der vielbeneidete Bräutigam von der Seite der schönen Braut verschwunden. Man vermißte ihn längere Zeit, endlich wurde man unruhig: War es Unwohlsein? War es das Übermaß seines Glücks, das ihn in die Einsamkeit trieb, um sich zu fassen? Die Braut selbst entschloß sich zuletzt, ihn suchen zu helfen. Dunkle Ahnungen beschlichen ihr Herz, schaurige Geschichten tauchten in ihr auf von Verlobten, die am Hochzeitstag jählings gestorben, sie fürchtete, zu kühl gegen ihn gewesen zu sein. Sollte seine äußere Ruhe ein inneres Feuer gedeckt und Zweifel an ihrer Liebe ihn am Ende fortgetrieben haben, jetzt, an der Schwelle des

Glücks? Immer schwärzer wurden ihre Phantasien, als sie ihn im Garten vergeblich suchte, bis sie in die dunkle Laube am äußersten Ende kam. Da lag der Ferdinand – behaglich ausgestreckt, in so tiefem, festem, gesundem Schlaf, wie nur je ein Menschenkind einen geschlafen. Ein Schrei entfuhr der Braut, der ihn erweckte. Mit langem Dehnen richtete er sich auf: »So, du bist's, Liebe?« – »Und *du* hast geschlafen?« – »Ja, Liebe, siehst du, wenn ich mehr esse als gewöhnlich, da schläfert mich's ungeheuer, und ich habe heut so viel gegessen, der Aal war delikat. Ist der Kaffee schon getrunken?« Da läßt sich nicht rechten, und die Braut ergab sich in ihr Geschick, als sie an seiner Seite zurückkehrte.

Da somit wenig Aussicht auf idyllische Honigmonde war, so fand es die Braut fürs beste, einige ihrer Brautjungfern zum Besuch in ihr neues Pfarrhaus einzuladen, das an Eleganz und Komfort es mit jedem Freiherrnsitz aufnehmen konnte. Dem Pfarrer war das eine rechte Erleichterung, da er sich nicht so ganz auf die ausschließliche Hingebung verstand, die von einem jungen Ehemann billig erwartet wird, und nicht recht wußte, wie er's anzugreifen hätte, um wie sein unglücklicher Namensbruder »in einem Lächeln seiner Luise Stoff für Jahrtausende« zu finden. Mit dieser ersten Einladung war denn das Signal zur Eröffnung einer so großartigen Gastfreundschaft gegeben, wie wohl kaum je eine ein Pfarrhaus belebte.

Um der Frau die häuslichen Sorgen und Mühen zu ersparen, zu denen sie weder Lust noch Zeit hatte, wurde eine gute unverheiratete Tante eingetan, die denn ihre Mission vollkommen begriff und täglich nur für wenige Stunden aus dem Küchendampf und Rauch auftauchte. So konnte sich nun die schöne Frau Pfarrerin recht mit Muße ihren Gästen widmen, die sich auch einstellten in allen Altern und Geschlechtern, von jedem Rang und Stand, zu jeder Zeit und Stunde.

Das Pfarrhaus gewährte alle erdenkliche Annehmlichkeit, die sich Gäste nur wünschen können: einen hübschen Salon, eine reiche Bibliothek, einen schönen Garten, eine vortreff-

liche Küche. Es war der Stolz der Tante, diese jederzeit so gut auf dem laufenden zu erhalten als die beste Küche der Stadt. »Aber wie machen Sie's nur, Jungfer Christiane, wenn Sie so unvermutet Gäste bekommen?« fragte eine verwitwete Frau Hofrätin, die allemal einen Tag ins Bett liegen mußte, nachdem sie einen Gast gehabt hatte, »wenn man im Ort gar nichts haben kann?« – »Oh, das macht nichts«, versetzte Jungfer Christiane mit würdevoller Ruhe, »man hat was im Rauch, man hat was im Salz, man hat was eingemacht, man hat was im Keller, man hat was in der Speisekammer.« Das war gerade ein Triumphtag für sie, wenn unvorhergesehen eine Kutsche voll Gäste vorfuhr und es wollte sich nimmer erschöpfen und leeren beim Aussteigen. Zwar lamentierte sie gehörig in der Küche herum, aber es war nicht so schlimm gemeint; ein wahrer Schlachtenmut wachte in ihr auf, und sie setzte sich nur hie und da mit zu Tische, um sich am Anblick ihrer gelungenen Werke und am Appetit der Gäste zu freuen. Es ist eine alte Wahrnehmung nämlich, daß Gäste in Pfarrhäusern den allerbesten Appetit haben; hauptsächlich für Kinder sind sie wahre Eß-Eldorados, oder waren es wenigstens, solange die Zehnten noch nicht abgelöst waren.
Die Frau Pfarrerin saß indes schön geschmückt in ihrem Salon und empfing die Gäste; sie wußte die unbedeutenden zusammenzuschieben, während sie die geistvollen um sich versammelte. Auf ihrem Tisch lagen stets die neuesten Werke, auf ihrem Klavier die neuesten Musikalien, in ihrem Kopfe die neuesten Ideen. Sie ließ sich nicht nur ihre Gäste gefallen, sie wollte *ihnen* gefallen, und als Fixstern, der sich um seine eigene Achse drehte, in seinem eigenen Glanz sonnte, konnte sie auch immer gleich liebenswürdig, gleich anmutig sein. Die Frauen waren ihr gerade nicht sehr hold und wurden zuzeiten ganz grimmig, wenn die Männer ihre Schönheit und Liebenswürdigkeit priesen: »Ja, da ist's keine Kunst, liebenswürdig sein, wenn man am Werktag weiße Kleider trägt und Klavier spielt, solange die Magd Wäsche aufhängt. Ich will's auch einmal so anfangen und auf den

Sofa sitzen und Gedichte machen, da kannst du zusehen, wer deine Socken flickt und fürs Mittagessen sorgt! Jawohl, liebenswürdig!«

Die Pfarrerin selbst zog auch männlichen Umgang weit vor und hatte stets einen Kreis von Verehrern, natürlich in allen Ehren. Am stärksten war sie in der Heranbildung strebsamer Jünglinge, mit denen sie einen geistvollen Briefwechsel anfing, die sie in den Ferien beherbergte, in der Kunst des Umgangs unterrichtete und deren Gefühle sie regulierte. Sie war wohl auch großmütig genug, ihnen mit reellen Mitteln zur Fortsetzung ihrer Studien unter die Arme zu greifen, was ihr dadurch erleichtert war, daß ihr die freie Verfügung über ihr bedeutendes Vermögen zustand.

Aber der Herr des Hauses, der Ferdinand, der sich alles gefallen ließ, wie stand sich der dabei? Oh, vortrefflich! Er ließ sich auch das gefallen, es war ihm sogar sehr angenehm. Für die Unterhaltung seiner Gäste sorgte die Frau, für ihre Bewirtung die Tante, die Ausgaben bekümmerten ihn nicht; mit Galanterie gegen die Frau durfte er sich nicht anstrengen: so konnte es ihn nur freuen, wenn er jederzeit einer Gesellschaft zum Tarock, zum Schach- oder Brettspiel im eigenen Hause gewiß war, und es kam ihn eine wahre Ängstlichkeit an, wenn er einmal den Salon leer fand.

Es konnte sich nämlich bei anhaltend schlimmem Wetter je und je ereignen, daß das Pfarrhaus leer von Gästen war, da nicht alle Bekannten des Hauses über eine Equipage zu verfügen hatten. Um diesem Übelstand abzuhelfen, faßte man im Pfarrhaus den Beschluß, ein Roß einzustellen, das im Notfall die Gäste herbeiholen konnte. So wurde denn ein ausgedienter Schimmel vom Militär angeschafft, der hier sein kriegerisches Feuer vollends ablegen konnte, und sobald die Gastzimmer leer waren und keine neuen Besuche in Aussicht standen, wurde die Pfarrkalesche hervorgeschoben, der Schimmel darangespannt und Jakob, der Knecht des Hauses, ausgesandt, um frische Zufuhr zu bringen.

Nun sagt mir einmal, wo ist die Gastfreundschaft je so weit

gegangen? Die alten Erzväter sind gewiß respektabel wegen ihrer Gastlichkeit, so auch die Araber und unterschiedliche andre orientalische Völker, aber nirgends habe ich von ihnen gelesen, daß sie einen Gaul angeschafft haben, nur um Gäste herholen zu lassen.

Der Jakob bereitete der Jungfer Christiane einmal eine schöne Überraschung. Er hatte eben ein paar Gäste fortgeführt und sollte auf dem Heimweg in etlichen befreundeten Häusern der Stadt und Umgegend kleine Botschaften besorgen. Zuerst mußte er bei der Frau Oberamtmännin Levkojenpflanzen mitnehmen. Da er nun gewöhnt war, daß in sein Pfarrhaus jedermann und zu jeder Zeit eingeladen wurde, so hielt er's für seine Pflicht, auch in diesem Genre das Seinige zu tun.

»Sie kommen ja als gar nimmer ins Pfarrhaus«, begann er, als ihm die Frau Oberamtmännin einen Schoppen vorsetzte. »Die Frau Pfarrerin haben gesagt, Sie sollen nur auch einmal wieder kommen.« – »Ach, Herr Pfarrers haben immer so gar viel Besuche, da bin ich schüchtern.« – »Ei, das macht gar nichts, das ist ihnen ihre Freud, und am nächsten Mittwoch ist kein Mensch mehr da, da wäre es recht angelegt.« – »Nun, ich will mit meinem Mann sprechen.« – »Aber nehmen Sie nur auch die Kinderlein mit! Und der Herr Schreiber soll auch noch nachkommen am Feierabend, kommen Sie nur g'wiß am Mittwoch!«

Von da mußte Johann zum Doktor wegen einer Anweisung zu Rattengift, auch im Auftrag der Tante. Beim Gehen sagte er: »Ei, Herr Oberamtmanns kommen am Mittwoch, Sie werden doch auch kommen?« – »Ja, ja, kann schon sein.« Den Dekan, an welchen er ein Schreiben vom Pfarrer hatte, köderte er mit dem Doktor, und so warb er auf dem ganzen Heimweg überall, wo er zu tun hatte, neue Gäste, alles auf den Mittwoch, ohne zu zählen und zu bedenken, zu welcher Lawine seine Einladungen geworden. Als er wieder ins Pfarrhaus einrückte, ward's ihm doch bedenklich, ob er denn zu solcher Liberalität ermächtigt gewesen, und er hielt's fürs

klügste, inzwischen zu schweigen; er wußte ja, daß die Tante sich allezeit zu helfen verstand.
Die Tante aber, die hatte ihre eigenen Pläne auf den Mittwoch, an dem allerdings eine Pause in dem Strudel von Gästen zu erwarten stand. Sie hatte große Taten im Sinn, furchtbare Schlachtpläne: in der Küche mußte ein neuer Herd gesetzt, im Wohnzimmer Sofa und Sessel frisch gepolstert und in den andern Stuben geweißt werden. Sie beschloß, lieber alles zugleich vornehmen zu lassen, da so äußerst selten Ruhe im Hause war zu solchen Geschäften. Die Tante hatte Löwenmut zu dergleichen Unternehmungen. So wurde denn Jakob abermals ausgesandt mit Einladungen anderer Art, an Sattler, Maurer, Schreiner etc. Nun erst war er mäuschenstill über seine Generosität und tröstete sich in der Stille mit der Hoffnung: hat's ja keines gewiß versprochen, vielleicht kommen sie auch nicht! Doch fand er es geraten, sich an dem verhängnisvollen Tag aus dem Staub zu machen: er mußte notwendig mit dem Schimmel in die Stadt, um ihn beschlagen zu lassen.

Der Tag brach an, der Sturm ging los,
Wer legt noch die Hände feig in den Schoß?

Die Tante war schon vor der Sonne auf, überall und allenthalben auf dem Platz, räumte aus, gab an und half an allen Ecken und Enden, die Mägde nebst einem Halbdutzend Gehilfinnen vom Dorf waren auf den Beinen, putzten und wuschen, die Frau Pfarrerin wollte auch nicht untätig sein, sie machte sich dran, die Bibliothek auszuräumen, die heute noch gereinigt werden sollte. Der Pfarrer flüchtete sich ins Schlafzimmer, das allein noch einigermaßen verschont blieb, denn selbst die Studierstube war mit Gerümpel angefüllt, das man aus andern Zimmern hergeschafft – kurz, man meinte, das Weltende oder eine neue Schöpfung sei nahe.
Da gewahrte Lisbeth, die Küchenmagd, von der Höhe eines Fenstersimses aus zwei Kutschen: »Gäst, Jungfer Tante, Gäst!« schrie sie aus Leibeskräften. – »Bist nicht gescheit,

das ginge mir ab!« – »Gäst, zwei Kutschen voll!« schrie vom Hof die Hausmagd, und langsam, langsam, unaufhaltsam, unerbittlich wie das Schicksal, rollten die zwei Chaisen den Hügel heran. Sie hielten im Pfarrhof, und mit etwas bedenklichem Gesicht schaute der Kopf der Frau Oberamtmännin aus der einen auf den Hof voll Geräte, auf die ausgehobenen Fenster, an denen wie massive Gespenster die Maurer mit Pinseln sich hin und her bewegten.

Mit der Fassung der Jungfer Christiane war's diesmal zu Ende. Mit zusammengeschlagenen Händen sank sie auf einen Küchenstuhl, nur dämmernde Gedanken: »Nichts im Haus; nichts am Feuer, bloß Reis und Fleisch zu Mittag«, zogen schwarz durch ihre Seele. Die Pfarrerin aber zeigte, was Seelengröße ist: schön geputzt, anmutig lächelnd wie immer, gegen Frauen gnädig, duldsam, gegen Männer verbindlich, stand sie unter der Haustür. Die Wagentüren gingen auf:

Da speit das doppelt geöffnete Tor
Zwei ganze Geschlechter auf einmal hervor.

Oberamtmanns mit Familie, Herr und Frau Dekan nebst zwei Gästen, denen man auf diese Weise eine wohlfeile Ehre antun konnte, kamen zum Vorschein. »So, Frau Pfarrerin, diesmal werden Sie zufrieden sein, daß wir auch einmal zum Essen kommen!« rief ganz beglückend die Frau Oberamtmännin. »Ja, wenn Sie's nicht gewesen wären«, meinte der Herr Dekan, »so hätt ich heute meine Frau nicht fortgebracht, sie hat große Wäsche.« Mit bittersüßem Lächeln drückte die Frau Pfarrerin ihre Dankbarkeit aus und führte sie ins Haus; sie meinte, es müsse derweil irgendein Wunder geschehen sein, um es präsentabel zu machen. Dem aber war nicht so: im Salon klopfte der Sattler, im Speisezimmer hauste der Maurer, im Kabinett polierte der Schreiner, in der Bibliothek war der Boden mit Büchern bedeckt, in den Gastzimmern putzten die Mägde – so blieb nur eine Zuflucht, die Schlafstube, das Asyl des Pfarrers, der denn auch aufgescheucht wurde aus seiner Höhle und nolens volens den

Angenehmen spielen mußte. Während Jungfer Christiane in Desperation in der Waschküche stand, wo sie heute kochen mußte, und die totale Unmöglichkeit einsah, noch ein andres Diner herzustellen, tat die Frau Pfarrerin ihr möglichstes, liebenswürdig zu sein: sie sprach mit dem Herrn Dekan über Schleiermachers »Monologen«, mit der Frau Oberamtmännin über Erziehung, mit dem eingeführten Vetter über die Catalani – sie suchte großmütig den Gästen zu verbergen, wie entsetzlich ungeschickt sie gekommen waren, und begriff die seltsamen Blicke nicht, welche die Frauen wechselten, während es doch an ihnen gewesen wäre, sich höchlich zu entschuldigen.

Es wurde Mittag, man deckte so gut es ging. Jungfer Christiane verbarg sich in den untersten Winkel der Waschküche, als sie Lisbeth mit der Reissuppe, die dazu noch angebrannt war, und dem zähen Fleisch, das auf die guten Zähne der Maurer und Dorfweiber berechnet war, hinaufsandte. Ihr Schlachtenmut war gebrochen, sie hatte nichts mehr ersinnen können, und auch der Jakob fort, der noch auf dem Schimmel hätte etwas herbeischaffen können! Immer bedenklicher wurden die Blicke der Gäste, als sie allmählich merkten, daß dies der ganze Umfang der Mahlzeit sei. Die Frau Dekan hatte ihre Gäste nach der delikaten Küche der Jungfer Christiane lüstern gemacht, der Herr Oberamtmann aß selbst gern was Gutes – vergebens, vergebens! Reis und Kuhfleisch, hernach etliche Rettiche, dabei blieb's. Dazu war der Schlüssel zum Speisekammerschrank verlegt und konnte nicht einmal Eingemachtes herbeigeschafft werden. Mühselig würgten sie die einfache Kost hinunter, mühselig erhielt die Frau Pfarrerin die Unterhaltung im Gange. – Es ist nun einmal so: man kann am eigenen Herd nach Umständen bei einem Wassersüppchen vergnügt sein, wo aber mehrere beisammen sind, da braucht es auch ein übriges an Speis und Trank, um die Unterhaltung zu erwärmen und zu beleben, und die reichsten Geister sind davon nicht ausgenommen.

Eben hatte man abgetragen und Jungfer Christiane war bemüht, den Reis aufzufüllen, damit er noch ausreiche für Handwerker und Dienerschaft, da erscholl der Schreckensruf: »Jungfer Tante, noch eine Kutsch!« Diesmal trat Jungfer Christiane ihrem Schicksal selbst entgegen; da sprang eben der Doktor von seinem Einspänner und half seinem Töchterlein und halberwachsenen Filius herab. »Nicht wahr, wir kriegen schon noch was?« rief er ganz erwartungsvoll. »Habe da noch einen Krankenbesuch gemacht, nun meinte Mathilde, zum Essen kommen wir zu spät. Ich aber sagte: Das müßte gar nicht mehr die Tante sein, wenn sie nicht noch ein Stückchen Braten für uns übrig hätte!«

Mit säuerlichem Lächeln nahm die Tante diese Vertrauensadresse auf, doch hob sich dadurch ihre Kraft ein wenig; sie schickte zur Schulmeisterin um Geräte und brachte endlich noch Pfannkuchen zustande. Kaum fand der Doktor und seine Jugend noch Platz in der vollgepfropften Schlafstube und genoß den nachgebrachten Imbiß, um den sie von den früher angekommenen Gästen sehr beneidet wurden.

Sie hatten abgespeist und die Hoffnung auf Braten und Nachtisch zu Grabe gelegt, man stellte sich in Ermangelung andrer Unterhaltung an die Fenster. Siehe, da pilgerte der dicke Pfarrer von Grüpdorf nebst seinem langgelockten Vikar und rotbackigen Töchterlein auf das Pfarrhaus zu. Mit stummer Fassung trat ihnen die Tante entgegen: »Ja, das kann doch nur die Jungfer Tante«, rief bewundernd der Pfarrer, »zu Maurer und Schreinern noch Gäste einladen! Das wäre ein Exempel für meine Frau, die heute nur wegen des Bettensonnens daheimgeblieben ist!« – »Einladen?« fragte unwillkürlich die Tante. – »Nun ja, der Jakob hat's doch recht ausgerichtet? Auf Mittwoch? Pfarrers von Wend und der gelehrte Herr Magister, der wirklich in Feldberg wohnt, haben's auch so verstanden und kommen gleich nach, sie haben nur noch im Amthause zu Heimstett angerufen.« – Jetzt begann das Rätsel sich zu lösen. Jungfer Christiane, obwohl sie noch nicht an die grenzenlose Frechheit des Jakob glauben konnte, war doch nimmer so innerlich ergrimmt über die Gäste, von denen es ihr zuvor pure Bosheit geschienen, daß sie heute gekommen. Richtig kam die Pfarrfamilie von Wend und der interessante Privatgelehrte, ein spezieller Verehrer und platonischer Anbeter der Frau Pfarrerin, noch verstärkt durch die Amtmannsfamilie, die sich als ungebetene Gäste angeschlossen hatte – alle in der angenehmen Gewißheit, höchst willkommen im Pfarrhause zu sein.

Als die droben noch die neue Zufuhr anrücken sahen, da begannen doch alle mehr und mehr etwas Ungewöhnliches zu ahnen, das *könnte* nicht purer Zufall sein. Da ohnedies die Masse Leute in dem engen Schlafzimmer noch wunderbarer gewesen wäre als ein Haspel in einem Glasfläschchen, so beschlossen sie herabzukommen, um unten das Nähere zu vernehmen; der Pfarrer benützte diese kurze Erlösung, um sein Mittagsschläfchen nachzuholen. So stand nun im Hof die ganze Schar der Gäste samt Pfarrerin und Tante, und lachte und verständigte sich und erzählte einander gegenseitig den dringenden Zuspruch des Jakob. Da kam eben dieser Verräter mit seinem neubeschlagenen Schimmel den Hügel heraufgerollt und übersah mit einem Blick sein Werk. Hat er aus dem Monolog der Jungfrau von Orleans deklamiert:

Und mich, der all dies Herrliche vollendet,
Mich rührt es nicht, das allgemeine Glück . . .
Und aus der Freunde Kreis muß ich mich stehlen,
Die schwere Schuld des Busens zu verhehlen.

Ich weiß es nicht. Davonstehlen galt aber nicht; die Tante mit ihrer durchdringenden Stimme rief ihn alsbald herbei: »Aber, Jakob, was denkt denn Er?« – »Ha, i hab halt denkt«, sagte der Jakob, verlegen im Haar kratzend, »se werde net glei alle so komma.«

Nun, geschehen war's, und alle machten gute Miene zum

bösen Spiel. Jungfer Christiane ließ die große Laube ausräumen, die heute der Zimmermann hätte reparieren sollen; wer darin nicht Platz fand, der mußte sich außerhalb behelfen. Und sie feuerte abermals unter ihrem Waschkessel, um Kaffee zu kochen. Lisbeth und Margaret wurden ins Dorf geschickt, um Milch beizuschaffen, und Jakob, der einladende Bösewicht, wurde verurteilt, wieder zur Stadt zu reiten und einen Korb voll Wecken aufzutreiben. Das tat er denn auch und galoppierte dergestalt, daß der Turmwächter in der Stadt ihn für einen Feuerreiter ansah und die Sturmglocke anzog, worauf die Feuermannschaft zusammenlief und alles schrie, lärmte und fragte: »Was gibt's? Wo brennt's?«, bis endlich aus dem Bäckerhause eine Stimme brüllte: »'s Pfarrers Knecht von Aichelhausen hat Wecka g'holt.« Und der Jakob, hoch zu Roß, sprengte mit einem gewaltigen Tragkorb donnernd über das Pflaster und suchte das Weite, da er groß in Gefahr war, daß die Städter ihre Feuerspritze auf ihn gerichtet hätten.

Das Einladen auf eigene Hand hat der Jakob von nun an unterlassen, auch hatte dieser Sturmtag zur Folge, daß das Pfarrhaus eine Zeitlang von Gästen aus der Nachbarschaft wenig heimgesucht wurde.

Jungfer Christiane ließ sich's übrigens nicht nehmen, daß, um die Ehre des Hauses zu retten, später die sämtlichen Teilhaber dieser verfehlten Partie eingeladen und so reichlich und köstlich bewirtet wurden, daß das Andenken an den angebrannten Reis und das Kuhfleisch gänzlich erlöschen mußte.

> Schöne Zeit, wo bist du? Kehre wieder,
> Holdes Blütenalter der Natur!

Suchet nicht mehr nach Ur- und Nachbildern solcher Pfarrhäuser! Das alles ist dahin. Ein Pfarrer hat kein Vorrecht mehr als das, der erste Bettler seiner Gemeinde zu sein, der *für* alle bettelt und *von* allen angebettelt wird, und er muß fürchten, daß auch seine harmlosesten Gäste mit scheelen

Augen angesehen werden. Während alle Welt, bis zum Schulbuben hinab, wenigstens eine Weile sich schmeicheln konnte, Märzerrungenschaften gewonnen zu haben, kann der arme Pfarrer nur von Märzverlusten sprechen, und die sind viel dauerhafter, als die Errungenschaften gewesen sind.

Das fromme Pfarrhaus

Damit soll nun abermals nicht gesagt sein, daß dieses das einzige seiner Art gewesen sei. Gewiß aber trug es vor vielen den Stempel des Geistes, der überall und zumeist in einem Pfarrhause regieren soll; und scheint auch die Art und Weise, wie sich diese Frömmigkeit kundgab, etwas schwärmerisch, so hat sie sich doch als probehaltig bewährt.

Es waren nun mehr als fünfzig Jahre, seit der Pfarrer zu B. sein Amt begonnen und seine junge Frau in sein Haus eingeführt hatte. Kein sonnenheller Tag war es gewesen, und kein fröhliches Geleite hatte das junge Paar zur eigenen Wohnung geführt. Aus dem Wagen hoben sie sorgsam die gichtkranke Mutter des Pfarrers, die, nachdem sie lange ein bitteres Gnadenbrot am Tische übelwollender Verwandten genossen, nun im Haus ihrer Kinder wieder eine Heimat finden sollte; und am Fenster des Hinterstübchens stand eine düstere bleiche Gestalt, die stieren Blicks den Ankommenden entgegensah. Es war die geisteskranke Schwester der jungen Frau, die bereits mit ihrer Wärterin aus der Irrenanstalt angekommen war. Die Schwester wollte sie von nun an zu sich nehmen und die Wirkung ihrer liebevollen Pflege auf Schwermütige versuchen, da sie dieselbe nicht mehr im Irrenhause lassen konnte, weil das Kostgeld bereits das kleine Vermögen der Kranken aufgezehrt hatte. – »Das ist meine einzige Mitgabe«, sagte die Frau in wehmütigem Ton zum

Gatten, als ihre Augen auf das Jammerbild fielen. »Du hast noch einen reichen, reichen Vater«, antwortete dieser getrosten Mutes.

Und als die Mutter bequem in einen Sessel gebettet, auch die Schwester geholt und ans freundlichste Plätzchen gesetzt worden war, da kniete das Ehepaar nieder, der Pfarrer sprach ein feuriges, glaubensvolles Gebet, darauf erhob sich die volle, glockenreine Stimme der Pfarrfrau zu dem schönen Choral: »Nun danket alle Gott«, und als sie die Worte sang:

Der ewig reiche Gott woll' uns in diesem Leben
Ein immer fröhlich Herz und edlen Frieden geben,

da klangen die Töne so trostvoll, so innig zuversichtlich hinauf zum stillen Abendhimmel, daß, wer es hörte, denken mußte, diesem Hause sei ein wunderbares Heil widerfahren.

Die Pfarrerin, eine edle, aber schon etwas verblühte Gestalt, war wenig jünger als ihr Mann, der doch bereits die vollkommene Reife erreicht hatte, zu der bei uns die Diener der Kirche kommen, ehe sie Amt und Beruf erlangen. Vor vierzehn Jahren hatte sie der schüchterne Jüngling zuerst gesehen, die jugendlich blühende Tochter eines verehrten Lehrers, und damals kaum gewagt, seine Augen zu dem schönen Mädchen zu erheben. Als er seine Studien vollendet hatte, schied er von ihr, ohne seine Liebe zu gestehen, aber im Herzen trug er sie als unerreichbaren Stern. Vier Jahre nachher traf er mit ihr im Postwagen zusammen. Sie hatte den Vater verloren und war auf dem Weg in die Fremde, um in der entsagungsreichen Stelle einer Gouvernante die Mittel zum Unterhalt ihrer Mutter zu suchen. Hier erst lernten sie sich kennen, hier erst ahnten sie beide den tieferen Zusammenklang ihrer Seelen. Aber was konnte ein armer Vikar einem mittellosen Mädchen bieten? So sah er denn schweren Herzens die Geliebte ziehen in der sicheren Meinung, sie sei ihm nun verloren, denn er hielt es für unmöglich, daß solch ein Kleinod nicht viel begehrt sein sollte. Habe nicht bang, mein guter Vikar! Ein *armes* Mädchen kann beim allerhöchsten Wert geruhig in ungestörter Einsamkeit verbleiben.

Acht Jahre verflossen wieder und der dreiunddreißigjährige Vikar hatte endlich ein Amt errungen. Da war Marie sein erster Gedanke, Marie, die auch seiner armen kranken Mutter gewiß eine gute Tochter sein würde, und er begann nach ihr zu forschen.

Sie hatte noch nicht lange ihrer Mutter die Augen zugedrückt und war im Begriff, aufs neue den Wanderstab zu ergreifen, da es nun galt, für die Erhaltung der schwermütigen Schwester zu sorgen. So durfte er schon wagen, der ganz Einsamen seine Hand, seine bescheidene Heimat anzubieten. Daß die Zeit, daß Mühe und Leid indes ihre Blüte verzehrt, das machte ihn nicht irre; er hatte »in ihrem Auge den Strahl des ewigen Frühlings gesehen«, und der war noch nicht erloschen. Selig empfing er ihr Jawort und führte sie mit der kranken Mutter und der unglücklichen Schwester an den eigenen Herd.

So umwölkt war der Himmel am Beginn ihrer Ehe, aber der siegende Strahl eines mächtigen Gottvertrauens brach durch. Dieses Gottvertrauen war nicht von der Art, wie das so vieler leichtherzigen und sorglosen Gemüter, die da unter ihrem täglichen Brot nicht nur, wie Luther, »Essen, Trinken, Kleider, Schuhe« etc. verstehen, sondern auch gut Essen und Trinken, schöne Kleider und weiche Schuhe, und die der guten Zuversicht sind, der liebe Gott sei dazu da, ihnen all dies anzuschaffen und daneben überhaupt alles wieder gut zu machen, was sie dumm und leichtsinnig gemacht; die wie der heilige Krispin den Armen spenden, was sie, nicht ihrem eigenen Munde, sondern andern Leuten in irgendeiner Weise abgenommen; die imstande sind, das Tuch vom Halse zu verschenken, und sich morgen ein hübsches neues dafür kaufen. Nein, dieses Paares Gottvertrauen war mit der äußersten Genügsamkeit, mit der strengsten Selbstverleugnung gepaart, und darum hat es sie nie getäuscht.

Ihre Hausordnung war einfach und wechsellos. Jeder Morgen, jeder Nachmittag wurde von sämtlichen Hausgenossen mit einem gemeinsamen Gebet auf den Knien begonnen, jeder Abend damit geendet. Hie und da mochte wohl ein alter Universitätsgenosse, der den Pfarrer heimsuchte, etwas stutzig werden, wenn er eben nach Tisch seine Pfeife anzünden wollte, um mit dem Pfarrer zu rauchen, und nun statt dessen dieser niederkniete zum Gebet und die klare Stimme der Pfarrfrau ein geistliches Lied anstimmte. Und doch trug diese bei uns etwas ungewohnte Andacht so sehr das Gepräge der Innigkeit und Wahrheit, daß jeder, mochte er nun gesinnt sein wie er wollte, herzlich oder doch ehrfurchtsvoll mit einstimmte.

Rastlos tätig war der Pfarrer in den Arbeiten seines Berufes, und es schien unbegreiflich, wo er Zeit und Kraft hernahm, neben den regelmäßigen Gottesdiensten noch Erbauungsstunden für Junge und Alte, Bibelerklärungen und häusliche Andachten zu halten, wie er stundenlang sein Ohr jedem besonderen Gewissensanliegen leihen konnte, das ihm vorgetragen wurde, und wieder Nächte durchwachte am Bette todesbanger Kranken in der Hoffnung, vor dem Erlöschen noch *einen* Trostesstrahl in ihre Seele fallenzulassen. Und ebenso wunderbar dehnbar schien die Zeit und die Kraft der Pfarrerin, die mit einem zarten Körper die kranke Mutter pflegte, in evangelischer Demut die mühsamsten Arbeiten mit der Magd teilte, eine Kleinkinderschule beaufsichtigte, zu der sie ihren unteren Hausraum hergegeben hatte, daneben dem Manne beistand, wo es galt, zu helfen und zu trösten, und doch noch Stunden dem hoffnungslosen Bestreben widmen konnte, die verdunkelte Seele der Schwester aufzuhellen. Und sie war dabei stets heiteren Mutes, mit leichtem, leisem Tritt wandelte sie von einem zum andern, und keines schien sich verkürzt.

Daß in solcher Weise das Pfarrhaus auch zu einer Herberge der Verlassenen, zur Vorratskammer der Hungrigen wurde, läßt sich leicht denken. Hier jedoch war es nicht ganz vom

Vorwurf einer gewissen Parteilichkeit freizusprechen. Mit einer frommen Miene, mit ein paar biblischen Sprüchen, mit gewissen geistlichen Schlagwörtern von »Erweckung und Bekehrung« und dergleichen konnten auch unwürdige Heuchler sich vom Pfarrer leichter Aufnahme und Hilfe verschaffen als andre einfache Leute, die ihm noch »unerweckt« schienen. Da war es gut, daß die Pfarrfrau hierin etwas schärfer sah und hie und da die Übergüte ihres Mannes ein wenig eindämmen konnte. Sie war's, die dem wandernden Bruder Jeremias die Branntweinflasche aus der Tasche zog und schweigend vorhielt, als er eben erzählte, wie er seinen Leib kasteie und statt Wein zu trinken das Geld dafür der Mission bringe. Sie hatte den neuerweckten Juden durchschaut, der nach einer Weihnachtspredigt des Pfarrers sich diesem vorstellte als dürstend nach dem Licht des Evangeliums, welcher Durst ihn schon zuvor bei sieben verschiedenen Pfarrern angewandelt hatte, von denen er sich allemal während der Zeit des Unterrichts freihalten ließ. Sie hatte die fromme Bärbel, die zu ihr kam und verkündete, der Geist habe ihr geoffenbart, daß die Frau Pfarrerin sie acht Tage lang speisen werde, tüchtig Holz tragen lassen, also daß ihr der Geist schon am dritten Tage offenbarte, sie solle wieder heimgehen. Und als der krumme Schuster, der alle Versammlungen besuchte und sein Handwerk liegenließ, ihrem Mann einen gepolsterten Sessel aus dem Wohnzimmer abgebettelt hatte, »weil seine armen Kindlein nichts hätten, um darauf zu sitzen«, hatte sie ihm denselben auf der Treppe abgenommen und ihm dafür einen hölzernen Stuhl verehrt mit dem Bemerken: darauf lasse sich viel besser arbeiten.

Wovon die Pfarrleute lebten, das schien auch rätselhaft. Das Einkommen war klein und der Veranlassungen zur Mildtätigkeit gab es so viele, und doch sah man keinen Mangel und hörte keine Klage. Aber die Pfarrerin legte auch niemals die Hände in den Schoß und öffnete dazu den Mund, auf daß ihr Gott gebratene Tauben hineinfliegen lasse. Nein, sie

rührte die Hand und schloß den Mund lieber, als daß sie ihn zu überflüssigem Begehren aufgetan hätte.
Die kranke Mutter ging bald zur Ruhe, mit mehr als Kindestreue gepflegt, die Schwester aber lebte noch lange Jahre fort, trübsinnig und still. Nur selten konnte ihr das unermüdet liebevolle Bemühen der Pfarrerin einen hellen Funken entlocken, beim Gesang allein wurde oft ihr Blick klarer.
Sechs Kinder hatte die Pfarrfrau geboren – wie es schien, mehr zur Prüfung ihrer Geduld, als zur Lust und Freude. Fast alle waren zarte, schwächliche Geschöpfe. Drei Jahre nacheinander trug man jeden Frühling eine kleine Leiche aus dem Pfarrhaus. Keine Klage ging über die blassen Lippen der Mutter; sie selbst schmückte die Lieblinge für den Sarg, sie selbst ging festen und stillen Trittes hinter der Bahre her und ihre Stimme tönte vernehmlich im Grabgesang. – Drei Kinder blieben ihnen: Samuel, ihr erster und einziger Sohn, Maria, ein schönes blühendes Mädchen, und die bleiche, kränkliche Dorothea, ein kümmerliches Geschöpf, verkürzt an Leib und Seele, deren Dasein ein beständiges Hinwelken schien.
Dem Samuel hatte die ernste Zucht des Vaterhauses schlecht zugesagt, und als er in die Welt hinauskam, schien er zwiefältig einholen zu wollen, was er daheim versäumt an Lebenslust. Aus dem niedern Seminar schon entwich er, um sich einer herumziehenden Schauspielerbande anzuschließen, und es läßt sich denken, welche Freude der Vater hatte, als man ihm seinen Samuel im Kostüm des Karl Moor bei Nacht und Nebel daherbrachte. Doch das wurde vergeben und vergessen, und mit Mühe und Not gelang es, Samuel ins berühmte theologische Stift zu Tübingen zu bringen. Aber nicht zu sagen ist es, wie viel Unfug er hier verübte, bis er zuletzt, nach Karzer und Ultimatum, inmitten der Nacht abgefaßt wurde, als er dem Stift entsteigen wollte, um einem Kommers anzuwohnen.
So brachte man den erschütterten Eltern die hoffungsvolle Frucht nach Haus, und nun entstand die große Frage: was

soll aus ihm werden? Alles mögliche wollte man aus dem Samuel machen: er sollte Kaufmann werden, Apotheker, Schreiber, Buchbinder – es ging alles nicht, er war zu keiner geordneten Tätigkeit zu bringen. So blieb am Ende nichts übrig als Amerika. Der Pfarrer tat sein Äußerstes, um die nötige Summe zur Überfahrt aufzubringen, und begleitete ihn selbst aus dem Lande. Bei diesem Abschied war es zum erstenmal, daß man die Pfarrerin weinen sah, als ob das Herz ihr brechen wollte, zum erstenmal versagte ihr die Stimme, als sie das Abendlied anstimmte. Aber kein Morgen und kein Abend verging seitdem, ohne daß der Pfarrer ein besonderes Gebet für den verlorenen Sohn zum Himmel geschickt hätte, ein Gebet, so feurig und kräftig, daß man glauben mußte, es vermöge die Wolken zu zerreißen. Und es ist nicht unerhört geblieben.

Jahre vergingen ohne Nachricht von Samuel. Vergessen war er nicht, aber niemand wagte mehr, etwas von ihm oder für ihn zu hoffen, als die Mutter allein. Nach langen Jahren kam endlich ein Brief von ihm, eine Freudenbotschaft, wie noch keine im Pfarrhaus eingekehrt war. Samuel hatte nicht, wie man zu sagen pflegt, »sein Glück gemacht«, der Goldsand Kaliforniens war noch nicht bekannt; er war jetzt Pfarrer und seine Mittel zu bescheiden, als daß er nur an einen Besuch im Elternhaus hätte denken können – aber sich selbst hatte er wiedergefunden, sein Kindesherz und seinen Gott. Er hatte wunderliche Schicksale gehabt, der Samuel, er hatte sein Brot gesucht als Steinklopfer, als Hausknecht, als Laufbursche, bis er einmal im Dienst eines Bilderhändlers zu einer alten Frau kam. Das Mütterchen betrachtete ihn mit wehmütiger Freundlichkeit, und beim Abschied fragte sie ihn ernst, ob er nie etwas Besseres gewesen. Da brach die Rinde, die sein rohes, selbstsüchtiges Jugendleben um sein Herz gelegt und die von der bitteren Not und Verlassenheit wohl schon lange war gelockert worden. Und der Sorge dieses ehrwürdigen Mütterleins war es gelungen, ihn für ein neues Leben zu gewinnen. Das war ein freudeheller

Tag im Pfarrhaus, und »Nun danket alle Gott« klang am Abend von den Lippen der Mutter fast so hell wie vor dreißig Jahren.

Die blühende Maria faßte mit Zustimmung der Eltern den Entschluß, einem Missionar nach Afrika zu folgen, und von dem fröhlichen Kinderkreis war allein die blöde, unschöne Dorothea übrig. Alle Kraft der Liebe, eine Treue und Geduld, die kein Menschenauge erkennen kann, wandte die Mutter auf die Entfaltung dieser wenig versprechenden Blüte, und die Mühe war nicht verloren. Als die Mutter, wenige Jahre nach dem Freudentag, den ihr Samuels Brief gebracht, die Augen schloß zur ewigen Ruhe, da konnte sie das sonst so scheue, ungenießbare Geschöpf zurücklassen als einen stillen freundlichen Hausgeist, der allen diente und von keinem etwas begehrte. Und ob sie auch nur leise und schüchternen Tones das Abendlied anstimmte, des Vaters ungebrochene Stimme fiel ein, und es ist doch zum Himmel gedrungen.

Gar still war es freilich im Pfarrhause geworden, aber in ungebeugter Kraft versah noch immer der Pfarrer sein Amt, unermüdet war er, an den Betten der Sterbenden zu beten, an die Herzen der Lebenden zu pochen. – Mehr als fünfzig Jahre hatte er sein Amt geführt. »Sie sollten einen Gehilfen nehmen, Herr Pfarrer«, meinte der Dekan, der mit Bewunderung die Leistungen des mehr als achtzigjährigen Mannes prüfte. »Ich will selbst wirken, solange es Tag ist«, war die Antwort, »wenn es Nacht wird, so wird der Herr mich heimrufen.«

Am folgenden Sonntagnachmittag schritt er aufrecht und freundlich wie immer in der Kirche unter den Kindern umher, da auf einmal wankten seine Schritte, kaum erreichte er noch den Altar, und mit dem Rufe: »Amen!« sank er zusammen.

Der Herr hatte ihn heimgerufen, ehe die Nacht einbrach.

Zu dieser Ausgabe

In der »Schwäbischen Litteraturgeschichte« von Rudolf Krauß (1899) findet sich über »die Wildermuth« der schöne Satz: »Wenn auch ihr Publikum vorzugsweise aus der Kinder- und Frauenwelt besteht, so greifen doch auch ernste Männer von Zeit zu Zeit gern zu den Gaben ihrer liebenswürdigen Muse.« Einer dieser »ernsten Männer«, der Hofrat Dr. Klemm aus Dresden, schrieb 1856: »Gestern las ich wieder Ihre schwäbischen Geschichten. Sie werden noch in 300 Jahren manches Herz erfreuen und dem Kulturhistoriker von unschätzbarem Werte sein, da sie Zustände schildern, für die öffentliche Denkmale nicht vorhanden sind.«
Mögen wir über die 300 Jahre auch lächeln: fast die Hälfte der Zeit, genau 125 Jahre, ist seit dem ersten Erscheinen der »Bilder und Geschichten aus Schwaben« – deren Qualität und Popularität keines der folgenden Bücher mehr erreichte – immerhin schon vergangen, und an kulturgeschichtlichem Reiz haben diese Erzählungen durch den größeren Abstand nur gewonnen. Deshalb beschränkt sich unsere Neuausgabe zum 100. Todestag Ottilie Wildermuths am 12. Juli 1977 nicht auf die berühmten »Schwäbischen Pfarrhäuser«, sondern zieht auch Beispiele aus den anderen Untergruppen heran, in erster Linie aus der heute eigentlich viel interessanteren »bürgerlichen Familiengalerie«. Wie die erhaltenen Dokumente und Aufzeichnungen beweisen, gestattete sich Ottilie Wildermuth bei ihren Ahnenporträts nur selten dichterische Freiheiten – die in den Fußnoten hier erstmals mitgeteilten Namen und Daten ermöglichen also eine genaue zeitliche Einordnung. Aus diesem Grund nennen wir auch bei den »Schwäbischen Pfarrhäusern« die von Hansmartin Decker-Hauff ermittelten Vorbilder (Vortrag im Verein für württembergische Familienkunde, Stuttgart, 24. 2. 1937); die Frage, wer wohl gemeint sei, dürfte jetzt ihre Brisanz verloren haben. Seinerzeit fühlten sich allein elf Pfarrer durch »Das geizige Pfarrhaus« getroffen!
Mit der neuen Auswahl wollen wir Ottilie Wildermuth vor ihrer späteren, oft bloß auf Drängen der Verleger und stets unter Zeitdruck entstandenen Produktion in Schutz nehmen; wir möchten zeigen, daß sie lange zu Unrecht nur als Schriftstellerin der »Kinder- und Frauenwelt« galt.
Unser Text folgt den »Gesammelten Werken« (10 Bände, Stuttgart 1892 ff.); Orthographie und Interpunktionen wurden dem heutigen Gebrauch angeglichen. R. W.